Anonymous

Geschichte der westfälischen Friedenshandlungen

Anonymous

Geschichte der westfälischen Friedenshandlungen

ISBN/EAN: 9783743371842

Hergestellt in Europa, USA, Kanada, Australien, Japan

Cover: Foto ©ninafisch / pixelio.de

Manufactured and distributed by brebook publishing software (www.brebook.com)

Anonymous

Geschichte der westfälischen Friedenshandlungen

Geschichte

der
Westphälischen Friedenshandlungen
über das
Religionswesen bey der pfälzischen Sache.

Zur Beleuchtung

der Streitfrage über das Entscheidungsjahr
für die Pfalz.

Mannheim in Commission bey Schwan und Götz.
1794.

Vorrede.

Der Churpfälzische reformirte Kirchenrath zu Heidelberg hat in dem gegenwärtigen Drang der Zeiten, und bey günstig scheinenden Umständen vom Vogesus herüber, gut gefunden, das Band, welches die Churfürstliche Religions=Erklärung von dem Jahre 1705, bis zu einem andern Vergleich der Religions=Beschwerden, oder dem Erfolg einer richterlichen Entscheidung, unter Entsagung eines großen Theils der Fürstenrechte in dem geistlichen, zur allgemeinen, noch fortdauernden Zufriedenheit der Unterthanen, in dem Religions= und Kirchenwesen liebevoll knüpfte, einseitig lösen zu wollen, die von mehrern reformirten pfälzischen Pfarrern, über alte und neue gewaltsamen Verkürzungen ihrer Kirche erhobene Klage *) bey des Kaisers Majestät fortzusetzen, die Herstellung der reformirten Kirche genau nach der Vorschrift des westphälischen Frieden zu verlangen, und dadurch die vor nächst hundert Jahren schon heftig bestrittene,

---
*) Reuß teutsche Staats=Canzley XIV. Th. S. 290. XV. Th. S. 1. folg.

durch die Religions-Erklärung aber glücklich beseitigte, wichtige Frage, ob eine, und welche diese Vorschrift, oder das Entscheidungsjahr für die pfälzischen Unterthanen sey? wieder rege zu machen, eine Frage, welche zur Ehre des sich neigenden Jahrhunderts nie wieder zur Sprache hätte kommen sollen.

Streitfrage darf man sie gewiß nennen, denn aus eben denselben Friedenstellen,*) aus welchen von einer Seite behauptet wird, daß das von den Churfürsten in der Pfalz vor den böhmischen Unruhen so unumschränkt und willkürlich ausgeübte Reformationsrecht in dem Frieden, außer der besondern Ausnahme für die A. C. Verwandte, nicht beschränkt, sondern durch die dem Churfürsten Karl Ludwig mit allen und jeden geist- und weltlichen Gütern, Rechten, und Zugehören, deren sich vor den böhmischen Unruhen die Churfürsten und Pfalzgrafen erfreuet haben, geschehene Rückgabe der ganzen Unterpfalz, also bestättiget worden, dieses Recht aus der in dem Frieden unter Churfürsten und Ständen beyder Religion verordneten Gleichheit, vermög welcher der Religion wegen keinem sein Recht benommen werden solle, eben

---

*) I. P. O. Art. IV. §. 6. 13.

so unumschränkt auf die katholische Linie der
Churfürsten aus dem Hause Neuburg, mit der
Allgemeinheit der pfälzischen Erbfolge, über
gegangen, und folglich kein Entscheidungsjahr
für die pfälzischen Unterthanen, die A. C. Ver
wandte ausgenommen, welche ganz besondere
und namentliche Ausnahme aber die Regel
hauptsächlich bekräftige und bestärke, in dem
Frieden gegründet sey;*) begehret die andere
Seite, daß ihr in Ansehung der kirchlichen
Besitze, Rechte, und Gerechtigkeiten, alles allein
gehöre, weil ihre Kirche in dem Jahre 1618 in
dem Besitze gewesen, und dieses das Entschei
dungsjahr für die pfälzischen Unterthanen
wäre;**) also zwo behaupteten, sich ganz ent

---

*) Ihrer Churfürstl. Durchl. zu Pfalz ꝛc. letztere Antwort vom 18ten März 1700 auf dasjenige, was Ihrer Churfürstl. Durchl. zu Brandenburg Clevischer geheimer Regierungs= und Kriegsrath, auch obrister Commissarius Freyherr Wylich von Boßfar, Namens des löbl. Corporis Protestantium bisher einiger vermeindter Religions-Gravaminum halber so mund= als schriftlich vor= gebracht, samt zugehörigen allegirten Beylagen.

**) Beweiß, daß ohne Obrist=Reichs=Richterliche Dar= zwischenkunft die Reichsberufene Churpfälzische Religions= Beschwerden nicht abgestellt werden mögen, sondern vielmehr sich täglich vergröseren müßen. Sr. Churfürstl. Durchlaucht zu Pfalz unterthänigst vorgelegt vom Chur= pfälzischen Kirchenrath Heidelberg im September 1793.

gegen gesetzten Ausnahmen von dem allgemein für das ganze teutsche Reich verglichenen Normaljahre, dem Besitzstande des Jahres 1624, als der einzigen gesetzlichen Schutzwehre der Unterthanen gegen das Reformationsrecht ihrer Landesherrn; zwo Ausnahmen, auf welche von einer Seite — ohngeachtet ihrer in der eben angerufenen letztern Antwort aufgestellten, noch nicht widerlegten Gründe — aus Grundsätzen einer weisen Regierung bis zu einem andern Vergleich, oder der richterlichen Entscheidung, zur Beglückung der Unterthanen, liebevoll verzichtet worden ist, von der andern aber das Liebesband gelöset werden will, und auf die behauptete Ausnahme vor der Entscheidung des Richters, also lediglich auf eine Hypothese, eine Menge Bedrückungen, und Beschwerden gegründet, und in den vielen jüngst erschienenen Schriften so leidenschaftlich geschildert wird, daß man die Aufklärung unsers Jahrhunderts vergißt, und sich in ein eifervolleres Zeitalter versetzet glaubet, als jenes der westphälischen Friedens-Gesetzgebung selbst gewesen ist!

Da es bey den geistlichen, durch feierliche Verträge errichteten Fundamental-Gesetzen des teutschen Reichs vornemlich auf die gesetzliche Wahrheit ankömmt, und diese bey Vertragen auf der richtigen Erklärung des wahren Sinnes beruhet, der Sinn aber nur durch richtige Darstellung der herrschenden Meinungen, und Systeme beyder Religions=Partheien, in dem Zeitalter des errichteten Gesetzes, und nach dem Maße, als sie in die Gesetzgebung selbst wirklichen Einfluß gehabt haben, erkläret werden kann: so sind die Vortheile ungezweifelt, welche zu einer gründlichen Einsicht das Studium der teutschen Reichsstaatsakten gewähret: in dieser Zuversicht habe ich aus den gedruckten, vor aller Augen liegenden Urkunden und Staatsakten, die in acht Folienbänden derselben zerstreuet enthaltenen, der Friedens=Urkunde theils vorgegangenen, theils auf dieselbe gefolgten, und sie erklärenden Handlungen über das Religionswesen bey der pfälzischen Sache aufgesuchet, und gesammelt, und daraus entstand folgende Geschichte zu desto mehr deutlicher, richtiger, und vollständiger Einsicht der bestrittenen Friedenstellen selbst, lediglich jedoch als besondere Sammlung für mich, wenn ich nicht dem Verlangen mehrerer würdigen Männer, die Geschichte durch den Druck bekannt zu machen, theils als Vorarbeit für die künftigen Bearbeiter dieser Streitfrage, um sie der Mühe, die weitläuftigen Staatsakten vorerst selbst zu durchgehen, zu entladen, theils als gesammelte Geschichts-Wahrheiten für das unpartheiisch richtende Publikum zur Prüfung, welcher der wahre Sinn der bestrittenen Friedenstellen, und welche von beyden Ausnahmen nach diesem die gegründete sey, hätte entsprechen müßen.

Aus diesem Gesichtspunkte allein, wünschte ich, eine Geschichte zu betrachten, und zu beurtheilen, bey welcher ich, weit entfernt, mich zum Richter über eine ganze Religions-Genossenschaft aufzuwerfen, außer der Mühe des Sammlers, und mitunter blos des Kopisten, mir kein Verdienst zuschreibe. Wenn aber vielleicht niemand — die Gründe davon liegen zu tief in dem getrennten Partheigeiste — bey Behandlung eines solchen delikaten Gegenstandes auf allgemeinen Beifall zählen kann; so verzichte ich zum voraus gerne hierauf, zufrieden, wenn meine Bemühung zur Beleuchtung der Streitfrage über das Entscheidungsjahr für die Pfalz etwas beytragen, und der unbefangene Leser die Neigung zu einer kaltblütigen Wahrheitsforschung nicht ganz verkennen wird.

Der kühne Schritt Friedrichs des fünften, Churfürsten von der Pfalz, zur Annahme der blendenden Krone eines Königs von Böhmen aus Eifer für die Sache der protestantischen Religion, aus der schmeichelnden Idee der Erhöhung seines Fürstenstammes, auf Zureden der Häupter der Union, und einer geliebten Gattin in stolzem Tone gereizten Ehrgefühles, hatte nach der unglücklichen Schlacht bei Prag alle Leiden über der Pfälzer Fürstenhaus gehäufet, die gute Pfalz, als unschuldiges Opfer, gereizten Völkern hingegeben, und die Flammen des verwüstenden allgemeinen Krieges nicht wenig angefachet.

In dem fernen Batavien, der Zufluchtstätte des vertriebenen Friedrichs, muste er die Trauerpost seiner Achterklärung, den Uebertrag seiner Churwürde, Lande, und aller damit verbundenen Vorrechte, an seinen Ueberwinder, Maximilian Herzog in Bayern, erhalten, erfahren die schreckende Nachricht, daß fremde Heere unter katholischen Anführern über seine geliebte Pfalz ihre siegreichen Waffen, und ihre Religion verbreitet, und auch seinen Bruder, Ludwig Philipp Herzog von Simmern, ein ähnliches Schicksal getroffen habe; und er erstummte in der Betrachtung seines Verlustes! — Hoffnung ist des unglücklichen Stütze; auch Friedrich sah an Gustav

Adolph, der Schweden König, seinen Erretter, als diesen der stufenweis zunehmende Haß der getrennten Stände des teutschen Reiches, der günstigste Zeitpunkt zur Ausführung des mit Frankreich ausgedachten Planes, Oestreichs Macht zu stürzen, mit einem fürchterlichen Heere nach Teutschland lockte: aber frühe fiel der Held, mit ihm Friedrichs Hoffnung, und Friedrich selbst, und der Unglücks-Genius versagte ihm sogar Erde zu einer Hütte, und zu einem Grabe in seinem Vaterlande!

Ganz Teutschland tummelte sich immittelst in dem fürchterlichsten Religions-Kriege herum, dessen Ende unabsehbar wurde: Brüder tobten gegen Brüder in eigenen Eingeweiden, die Wuth streuete die Asche der Väter auf ihrer Kinder trauernden Scheitel, und der Würgengel reckte Schwerdt, und Fackel über Germaniens Gefilden, und Hütten; der Kern aller Völker rückte in schreckender Menge gegen einander an, umstaltete das Land in eine brennende Wüste, das zuvor ein Paradieß war, und bestättigte den durch alle Annalen bewiesenen Denkspruch: Quantum religio potuit suadere malorum! — Als oft wiederholte Donnerschläge die Heere darnieder geschmettert, die Stimme der Verwüstung, und die Weheklage unglücklicher Bürger an dreißig Jahre über Teutschland gewehet hatte; dann reichten sich endlich die entzweyten Fürsten einander brüderlich die Hände über die Leichen ihrer Kinder, und die Enkel genoßen die süßen Früchte des Frieden.

Zu Münster, und Oßnabrück eröffnete sich eine Friedens-Versammlung auf einer Seite mit dem Kaiser, dem Hause Oestreich, den mit diesem Hause verbündeten Spaniern, und den anhängenden katholischen teutschen Reichsständen, auf der andern mit den Schweden, den mit diesen verbündeten Franzosen, und den anhängenden Reichsständen protestantischer Religion; und diese ehrwürdige Versammlung hatte die dauerhafte Bestimmung der teutschen Verfassung, in dem geist- und weltlichen nach den durch die Religions-Trennung wesentlich geänderten Umständen zum hohen Endzweck.

Auch der verwaißte Pfälzer freuete sich nach überstandenen Leiden der Erholung, und erwartete mit Sehnsucht von Teutschlands Vätern wieder einen Fürsten aus dem Pfälzer-Stamme, wozu ihm die Vorsicht den zweiten Sohn Friedrichs, den weisen Karl Ludwig, erhalten hatte; und Karl Ludwig selbst glaubte nun den Zeitpunkt der Rückgabe aller jener Lande, Würden, und Vorrechte, woran er nach den angestammten Rechten seines Blutes einen gegründeten Anspruch hatte, um so weniger ferne, als durch Vermittelung der Kronen Dänemark, und England, schon zu Anfang der 1640ger Jahre besondere Verhandlungen seiner Sache am Kaiserlichen Hofe angefangen worden waren, und er, nachdem der Kaiser in Gemäßheit der Friedens-Präliminarien die nöthigen Geleitsbriefe für das Haus Pfalz ertheilet hatte, zuversichtlich hoffte, daß die pfälzische Sache von dem Kaiserlichen Hofe ab = und zu den allgemeinen Friedens = Tractaten gezogen werden würde.

Aber noch war dieser gewünschte Zeitpunkt so nahe nicht; zwischen ihm, und Karl Ludwigs Hoffnung lagen mächtige Hindernisse. — Das Haus Oestreich hatte den Augenblick des Schimmers seiner Krone auf Friedrichs Haupte noch nicht vergessen, und Bayern den seit der Trennung von dem gemeinen Stamme fortgesezten Erbhaß gegen das Haus Pfalz noch nicht verloren, und beyder Einfluß auf das Friedensgeschäfft war groß, so wie auf der andern Seite der Zweifel der lutherischen Stände, ob die Reformirten in dem Religions = Friede mit zu begreifen seyen, von wichtiger Folge. Bayern hatte wahrscheinlich darum, daß es mit der Krone Frankreich in geheimen Unterhandlungen begriffen war, um bey der Oberpfalz und Churwürde geschüzet zu werden, und sich dagegen mit seiner Macht zu verpflichten, daß Breisach, Ober = und Unterelsaß Frankreich verbleiben sollen, *) ein eigenes Interesse, daß die pfälzische Sache bei den allgemeinen Friedenshandlungen nicht geschlichtet, und dem Schiedspruche und Austrag der auswärtigen Kronen unterworfen werden möge, und wußte den Nachtheil des Kaisers, und Reiches so anschaulich darein zu verflechten, daß die besondern Handlungen der pfälzischen Sache am Kaiserlichen Hofe fortzusetzen beschlossen,

---

*) Meiern Westphälische Friedens = Handlungen 1ster Theil, Seite 537.

hiezu eine Tagfahrt beſtimmet, und den Kaiſerlichen Geſandten zu Münſter, und Oßnabrück, ſich in die beſondere pfälziſche Sache nicht einzulaſſen, befohlen wurde, welchen Befehl dieſe auch ſo pünktlich befolgten, daß der kaiſerliche Geſandte Vollmar, als er bei einem Beſuche bei dem ſchwediſchen Salvius, die Friedens-Neigung ſeines Herrn durch das jüngſt ergangene edictum caſſatorium ſuſpenſionis amneſtiæ rühmte, auf deſſen Einrede, daß gleichwohl das pfälziſche Weſen davon ausgenommen ſey, dieſe Ausnahme mit dem Zuſatze: daß die pfälziſche Sache ihre eigene beſondere Beſchaffenheit habe, und hieher gar nicht gehöre, beſtättigte, und Salvius auch nicht weiter in ihn drang. *) Auf der andern Seite erſchwerten ſelbſt die proteſtantiſchen Stände das Geſchäfft nicht wenig dadurch, daß ſie die Reformirten nur unter gewißen Bedingniſſen in den Religions-Frieden aufnehmen wollten, und unter andern namentlich dieſe ſetzten: wann es mit Pfalz zur Reſtitution komme, ſolle den Unterthanen frey ſtehen, Augsburgiſcher Confeſſion verwandte Prediger, und Schuldiener zu berufen, und anzunehmen. **)

Die Krone Dännemark, an welcher Karl Ludwig einen thätigen Fürſprecher fand, ſtellte dagegen dem Kaiſer den gefährlichen Eindruck auf die Kronen Frank-

---

*) Meiern Weſtphäl. Friedenshandl. 2ter Th. S. 76.
**) Meiern 2ter Th. S. 10. Nro. 7.

reich, und Schweden, wenn die pfälzische Sache, der Grund zur allgemeinen Beruhigung, von den Friedens-Handlungen ausgeschlossen, oder übergangen würde, und die Bereitwilligkeit des Pfalzgrafen, sich, jedoch mit Vorbehalt der gemein bevorstehenden Handlung, besondern Tractaten zu unterwerfen, in einem lebhaften Bilde vor; England verwendete sich auf gleiche Weise für den Pfalzgrafen; Schweden, und die evangelischen Stände, bewogen durch mehrere Schreiben Karl Ludwigs, und Vorstellungen seiner Gesandten, welch letztere die Wiederherstellung des Churfürsten in den Stand, in welchem er vor diesen Unruhen, und namentlich in dem Jahre 1618 gewesen, ausdrücklich verlangten, *) versprachen ihre Hilfe, jedoch mit dem Vorbehalt der freyen Uebung ihrer Religion in der Ober- und Unterpfalz, und hatten gleichfalls dahin gestimmet, daß die pfälzische Sache als ein Theil der allgemeinen Friedens-Handlungen zu halten, und davon nicht abzusondern sey, obschon einige unter ihnen damal schon vorsahen, daß die Amnestie dem Pfalzgrafen nicht helfen, sondern besondere Tractaten dazu gehören werden; **) und diese zusamen treffenden Umstände änderten den kaiserlichen Entschluß nach Karl Ludwigs Wunsche.

Bayern sah nun zwar die Einleitung zu seinem Plane ungerne vereitelt; in der Hauptsache litt aber

---

*) Meiern 2ter Th. S. 59.
**) Meiern 2ter Th. S. 256. folg. 312.

derselbe um so weniger, als es des Beistandes des Hauses Oestreich aus mehrern Ursachen, und vorzüglich der geliehenen dreyzehn Millionen wegen, wofür der Kaiser mit dem Lande ober der Ens Gewährschaft geleistet hatte, gewiß, die Verwendung der Krone Frankreich zu seinen Absichten sich zu verschaffen wuste. Die Entschädigung Frankreichs war einer der ersten und wichtigsten Gegenstände bey dem Friedensgeschäffte, wofür dessen Gesandten die Festung Breisach, das Ober= und Unterelsaß, und der Sundgau foderten: Bayern wirkte hiezu so thätig mit, daß die kaiserlichen Gesandten zuletzt darein willigten, und da Bayern zu gleicher Zeit von diesen das Wort hatte, daß die französische Schadloshaltung vor berichtigter pfälzischen Sache nach Bayerns Wunsche, nicht geschlossen werden solle, in ihrer letzten schriftlichen Erklärung bedingten: daß, da der Kaiser in die Beylegung der pfälzischen Sache auf der allgemeinen Friedens=Versammlung gewilliget hätte, diese sich dahin begränze: daß die Churwürde mit allen Rechten, und Vorzügen, und die ganze Oberpfalz mit allen Zugehören, an Zahlungstatt der Schuld von dreyzehn Millionen dem Herzoge in Bayern, und der ganzen wilhelminischen Linie beständig, und unwiederruflich verbleiben, dagegen aber dem Pfalzgrafen die achte Chur ertheilet werden, dieser mit der unter sichern Bedingnissen geschehenden Rückgabe der Unterpfalz für sich, und seine Erben zufrieden seyn, und auf die Oberpfalz, so lange der männliche wilhelminische Stamm blühe, verzichten solle; zu welcher Bedingnisse Erfüllung die Kronen Frankreich, und Schweden mit den Reichsständen sich verbinden, und dieß der Friedens-Urkunde durch eine besondere Klausel wörtlich eingerücket werden müße. *)

Die französischen Gesandten kamen dem Wunsche Bayerns entgegen, willigten in die meisten Punkte der kaiserlichen Erklärung über die pfälzische Sache, und bedingten — obschon sie den Pfalzgrafen in den Stand, in welchem die Prinzen dieses Hauses in Hinsicht der Unterpfalz vor der Entsetzung gewesen, gegen die von dem päbstlichen Nuncius für Churmaynz wegen der an Pfalz verpfändeten Bergstraße gesuchte Ausnahme, herzustellen, und daß Churmaynz alsdann die Lösung in dem rechtlichen Wege suchen solle, verlangten — daß Karl Ludwig die freye Uebung der katholischen Religion in der Unterpfalz belassen müße. **)

So waren die ersten katholischen Mächte über Karl Ludwigs künftiges Schicksal gestimmet, aber ferne der Gedanke, daß die Krone Schweden, und die protestantischen Reichsstände in dieß harte Loos willigen werden, entfernter noch, weil das englische Parlament kurz vorher der Königin in Schweden die pfälzische Sache, und

---

*) Meiern Westphäl. Friedensh. 3ter Th. S. 32.
**) Meiern 3ten Th. S. 43. Excepté toutesfois, pour y laisser l'exercice de la religion catholique.

daß den Pfalzgrafen nicht das geringste entzogen, und ihre völlige Herstellung mit aller Macht befördert werde, sehr nachdrücklich, und mit dem Erbiethen eines Kriegsheeres von 24000 Mann, zum Beistande der pfälzischen Churerben empfohlen hatte: die Kaiserlichen Gesandten ließen zwar ihre Erklärung über die französische Entschädigung, mit jener über die pfälzische Sache, durch die Dictatur bekannt machen, und Churmaynz auch zu Rath ansagen, um in den drey Reichsräthen darüber zu berathschlagen; die protestantischen Gesandten zu Münster lehnten aber diese Zusammenkunft unter dem Vorwande, daß die Stände nicht durchaus für Frankreich stimmen könnten, und damit die Sache des Reiches zurücke gesetzer würde, wohlbedacht ab, und dadurch ward der Entschädigungspunkt Frankreichs einsweilen verschoben.

Zu Oßnabrück war die Schadloshaltung Schwedens ein eben so wichtiger, als dringender Gegenstand, von welchem Teutschlands Ruhe nicht wenig abhieng. Die kaiserlichen Gesandten hatten dabey die Absicht, diesen Punkt besonders, mit Aussetzung der Reichs- und Religions-Beschwerden, abzuhandeln; weil aber die evangelischen Stände von den Schweden die Versicherung erhalten hatten, daß des Reiches Angelegenheiten von ihrer eigenen Sache nicht getrennet werden sollen, so muste der Plan dahin geändert werden, daß beyde Gegenstände von den kaiserlichen Gesandten in einem Entwurfe eines Friedens-Instrumentes begriffen, und den schwedischen übergeben wurden. Die Stelle über die pfälzische Sache ist nach den vereinigten Absichten Frankreichs, und Bayerns entworfen, und verbreitet besonderes Licht über die Geschichte, darum ich sie wörtlich einrücken will. *)

Unerwartet, und befremdend war den evangelischen Ständen dieser von den Schweden ihnen mitgetheilte Entwurf: der Fürsten, und Städterath machten

---

*) Meiern 3ter Th. S. 68. VIII. Et cum negotium palatinum peculiari tractatu inter partes interessentes in hac diæta compositum sit, placuit id etiam huic instrumento inseri. Conventum itaque est, quod N. Comes palatinus post debitam submissionem coram sacra cæsarea majestate a banno imperiali absolvetur, & in palatinatum inferiorem, & jura eo spectantia, cum hac inprimis peculiari exceptione, quod exercitium religionis catholicæ, cum juribus & reditibus, sicuti nunc est, permanere, & in eo nihil immutari debeat, restituetur. Quem deinde sic restitutum Imperator de illo Principatu legitime investiet; verum dignitas Electoralis, cum omnibus suis regaliis, officiis, præcedentiis, insigniis, & juribus quibuscunque manebit penes serenissimum Bavariæ Electorem totamque lineam Guilhelmianam in perpetuum, quemadmodum sua serenitas eundem hactenus tenuit, exercuit, & possedit, nullo prorsus excepto. Admittetur nihilominus tamen dictus Princeps N. Comes palatinus ad eandem dignitatem Electoralem, sed octavo & ultimo loco, & ita quidem, ut nihil juris sibi ad ea, quæ hoc nomine Electori Bavariæ attributa sunt, arrogare debeat.

ausführliche Erinnerungen dagegen, verlangten die Pfalz nebst der Chur, mit Abschaffung der daselbst eingeführten katholischen Religions-Uebung, vollkommen herzustellen, widersprachen durchaus den Artickel über die pfälzische Sache, als der goldnen Bulle zuwider, und überreichten sie den schwedischen Gesandten: *) diese waren aber von den Franzosen schon nachgiebiger gestimmet, und bestunden bey einer mit den Kaiserlichen gehabten Zusamenkunft nur darauf, daß dem Herzoge in Bayern zwar, jedoch nur lebenslänglich, die Churwürde verbleiben, dann die pfälzische Linie folgen, und nach deren Abgang Bayern wieder eintretten, oder äußersten Falles beyde Häuser in der Chur abwechseln, und nach Maximilians Tode Karl Ludwig anfangen, daß die Oberpfalz dem Churhause Pfalz wiedergegeben, oder höchstens nur ein Theil bey Bayern verbleiben solle. **)

Diese nachgiebigeren Vorschläge führten die kaiserlichen Gesandten ihrem Ziele immer näher; fest, wie ein Fels, den die Klaue der Eiche packt, bestunden sie auf ihrer Erklärung, weder die dringendsten Vorstellungen der pfälzischen Gesandten an sämtliche Reichsstände, noch die wiederholten Vorschläge der schwedischen waren vermögend, den Kaiser von Bayerns Interesse, in welches jedoch das seinige mit verwickelt war, abzuziehen.

---

*) Meiern 3ter Th. S. 77.
**) Meiern 3ter Th. S. 89.

Das Friedensgeschäfft hatte immittelst, theils durch die sich entgegen gesetzten Meinungen, und Vorschläge der Stände, besonders in Religions-Sachen, theils durch die Unthätigkeit der Franzosen wegen ihrer noch nicht bestimmten Entschädigung, beynahe alle Schnellkraft verloren: die kaiserlichen Gesandten fanden aber, um den Puls wieder in Bewegung zu bringen, ein wirksames Mittel, verglichen sich mit den Franzosen über ihre Schadloshaltung näher, und bewirkten dadurch, daß diese auch ohne Schweden Friede schließen, und die bisher bestrittenen Punkte, ins besondere die pfälzische Sache, nach der Kaiserlichen Project zum Schluße befördern zu wollen versprachen. *)

Ungerne sah Schweden diese unverhoffte Vereinigung beyder Höfe, und weissagte sich daraus eine nothwendige Aenderung seiner Plane bey den noch unentschiedenen wichtigen Gegenständen, der pfälzischen Sache, den Religions-Beschwerden, und seiner eigenen Entschädigung. Ein Mittel war übrig, die Folgen dieser Uebereinkunft gelinder zu machen, und dieß blieb nicht unversuchet: der Einfluß Bayerns auf beyde Höfe war bekannt, und groß, und Bayern muste gewonnen werden. Das Versprechen des schwedischen Gesandten Salvius, und der evangelischen Stände, gute, und ersprießliche Förderung in der pfälzischen

---

*) Meiern 3ter Theil S. 708. 723. 738.

Sache thun zu wollen, wenn Bayern ihnen bey den
Religions-Beschwerden behilflich wäre, *) war den
bayerischen Gesandten, obschon sie im Anfange eine
wirkliche wechselseitige Versicherung verlangten, genug,
die Beylegung der Religions-Beschwerden durch gütliche Handlungen den kaiserlichen Gesandten anzurathen,
und den gewünschten Augenblick so gut zu nützen, daß
sie ihre Gedanken, wie die pfälzische Sache beyzulegen,
und in die Friedens-Urkunde einzurücken sey, aufsetz-
ten, und den schwedischen Gesandten mittheilen ließen.
Der Geist der kaiserlichen Erklärung über diesen Punkt
lebte in diesem Aufsatze, und besonders war die Fortdauer der in der Unterpfalz eingeführten katholischen
Religions-Uebung darin so sorgfältig vorbehalten, daß
namentlich die Klöster Hörd, und Eusserthal, dann
das Kapuziner Kloster zu Speyer in ihrem bisherigen
Zustande ruhig gelassen, und ihre Vorsteher in der Ver-
waltung der Geschäffte nicht gestöret werden sollen. **)

So weit konnte der den bayerischen Gesandten
versprochene Beistand der Schweden, und evangelischen
Stände nicht ausgedehnet werden. Obschon letztere
nach einer in dem Fürsten- und Städterathe gehaltenen
Berathschlagung durch die meisten Stimmen so weit
nachgegeben hatten, daß, so gerne sie auch dem Pfalzgrafen die völlige Herstellung wünschten, wenn der

---

*) Meiern Westphäl. Friedensh. 4ter Th. S. 131.
**) Meiern 4ter Th. S. 355.

Friede nicht anders zu erhalten sey, die Churwürde, und Oberpfalz dem Herzoge in Bayern verbleiben, dem Pfalzgrafen hingegen, nebst der Rückgabe der ganzen Unterpfalz, die achte Chur, und eine Summe Geldes statt der Oberpfalz ertheilet werden könnte, in beyden Landen aber den A. C. Verwandten die Religions-Uebung wieder geöffnet, getrieben, und den Ausgewanderten, aus was Ursache sie sich auch aus dem Lande begeben hätten, die Rückkehre gestattet werden müße; und auch die Schweden wohl einsahen, und sich äußerten, daß, da die Kaiserlichen, und Franzosen auf Bayerns Seite für einen Mann stünden, und die Churfürstlichen Gesandten außer Churbrandenburg, mit allen Katholischen dafür gestimmet hätten, man nur suchen müße, erträgliche Bedingnisse zu erhalten: *) so versuchten die schwedischen Gesandten dennoch, in der Antwort auf der bayerischen Aufsatz, für Karl Ludwigs besseres Loos ihre schon gemachten Vorschläge nochmal zu wiederholen, die Herstellung des pfälzischen Hauses in den Stand, in welchem es vor den Unruhen in dem Jahre 1618 gewesen, zu verlangen, und den an Bayern abzutretenden Theil der Oberpfalz lediglich auf die Herrschaft Cham, und zwar mit der Bedingniß des Wiedereinlösungs-Rechtes auf unbestimmte Zeit einzuschränken. **) Die Kaiserlichen, und bayerischen Gesandten verwarfen aber diese Vorschläge durchaus, be-

---

*) Meiern 4ter Th. S. 167. 387.
**) Meiern 4ter Th. S. 356. 357.

stunden auf ihrer schon gethanen Erklärung, daß bey Rückgabe der Unterpfalz den geistlichen, und weltlichen Vasallen, und Unterthanen, die katholische Religions-Uebung frey verbleiben, und sie zur Annahme einer andern Religion nicht gezwungen werden, auch Karl Ludwig entweder die ganze Schuld an Bayern bezahlen, oder die ganze Oberpfalz zurücke lassen müße. *)

So entfernt hielte noch von einem sehnlich gewünschten Vergleiche, vorzüglich das Religionswesen in der Ober- und Unterpfalz, die Kronen, als die kaiserlichen Gesandten ein Reichsgutachten über die ganze pfälzische Sache, und hauptsächlich der gegen die goldene Bulle zu errichtenden achten Churwürde wegen, von den Ständen verlangten: sie schilderten in ihrem gemachten Vortrage das schwere Verbrechen Friedrichs des fünften als die einzige Ursache des langen Jammerstandes in dem teutschen Reiche, das feindselige Benehmen der jungen Pfalzgrafen gegen Kaiser und Reich als Grund seiner verwüstenden Dauer, und die schwere Strafe, welche die Gesetze über diese Verbrechen verhängen, mit schreckend lebhaften Farben; nur der Ruhe Teutschlandes, welche von gütlicher Beylegung dieser Sache abhange, habe der Kaiser das Opfer gebracht, von der Strenge der Gesetze abzuweichen, und als einziges Mittel zu diesem sehnlichen Endzwecke die Errichtung der achten Churwürde, und die Rückgabe der Un-

*) Meiern 4ter Th. S. 358.

terpfalz an den Pfalzgrafen Karl Ludwig unter den Bedingnissen nachzugeben, daß, welches für sich selbst billig, die Religion in dem Stande, in welchem sie sich jetzt befinde, verbleibe, die von dem Erzstifte Maynz an Churpfalz verpfändeten Aemter in der Bergstraße unter die Rückgabe der pfälzischen Lande nicht gezogen, sondern dem Erzstifte zu Folge der Pfandverschreibungen, und kaiserlichen Erkanntnisse gegen Erlegung des Pfandschillings rückgegeben, und das Stift Worms bey dem Besitze des Nebenstiftes Neuhausen, welcher ihm auf offenen Reichstagen zuerkannt worden sey, geschützet werde. *)

In den drey Reichsräthen wurde nun die pfälzische Sache weitläuftig verhandelt. Da die Religions-Verschiedenheit getheilte Stimmen erzeugen muste, so wurde in dem darauf gefolgten Reichsgutachten ein Mittelweg gewählet, von den Ständen beyder Religion in die Rücklassung der Oberpfalz bey dem Hause Bayern wilhelminischer Linie, und die Errichtung der achten Chur für Karl Ludwig eingewilliget, der Religionspunkt aber, und überhaupt die Bedingnisse, unter welchen die Ruckgabe der unterpfälzischen Lande, und Leute zu thun sey, den Kaiserlichen, und der Kronen Bevollmächtigten, mit Zuziehung der betheiligten, und auf Mittheilung an die Stände der Genehmhaltung wegen, jedoch also abzuhandeln, und zu vergleichen übergeben, daß

---

*) Meiern 4ter Theil S. 384.

daß der Punkt der Beschwerden entweder zugleich, oder unmittelbar nach berichtigter pfälzischen Sache vermittelt werden sollte. Der katholischen Stände Gesandten bathen bey diesen Bedingnissen insbesondere dahin zu sehen, daß bey der Rückgabe der Unterpfalz die Klöster Limburg, Hörhornbach, Sponheim, und andere mehr, die Religion, und das churmaynzische Eigenthum in der Bergstraße, dann beyde Stifter Neuhausen, und Singheim vorbehalten werden mögen: unter den evangelischen Ständen willigten die Chursächsischen, und Churbrandenburgischen Gesandten zwar in die Errichtung der achten Chur gleichfalls ein, sie waren aber die einzigen, welche sich über die in dem kaiserlichen Vortrage gesetzten Bedingnisse erklärten, und zwar erstere, daß sie die Einführung der ungeänderten Augsburgischen Confession, und die Ansprüche des Stiftes Worms an das Nebenstift Neuhausen auf die Entscheidung der Religions-Beschwerden verweisen wollten, letztere aber ließen mit Genehmigung der Stände, jedoch ohne Folge für die Zukunft, als dem Reichsherkommen zuwider, ihre besondere Stimme dem Reichsgutachten anhängen. *) Merkwürdig ist noch

---

*) Meiern 4ter Th. S. 402. Nam quoad primum ratione religionis könne Se. Churfürstliche Durchlaucht zu Brandenburg nicht absehen, warum den pfalzgräflichen Kindern das jus territoriale, welches allen Ständen zugeeignet wird, benommen werden solle; so hätten sie auch nichts minder den andern Ständen des Reichs religion- und profan-Frieden in allen punctis mit zu genießen, müßten auch nicht, warum sie deterioris conditionis als

bey diesen Verhandlungen das Pfalz-Veldenzische Votum in dem Fürstenrathe, das ich darum gleichfalls abschreiben will. *)

Tief beugte den unglücklichen Pfalzgrafen Karl Ludwig die traurige Nachricht von diesem Reichsgutachten, tiefer noch den Sohn der bittere Vorwurf unzuläßiger Handlungen eines geliebten Vaters, als Veranlaß des verwüstenden Krieges, und jammervollen Zustandes in dem teutschen Reiche. Vergebens suchte der pfälzische Abgeordnete in einer den Ständen übergebenen körnigten Schrift die angestammten Rechte des

---

andere zu halten, vornehmlich, da das Haus Pfalz vor vielen Jahren, und da der Religions-Friede aufgerichtet, andern Ständen gleich sich dessen zu erfreuen gehabt, darzu auch alles dasjenige, was ihnen anhörig, und nach und nach zu ihrem Nachtheil vorgenommen worden, in vorigen Stand, darin sie gewesen, tam in sacris, quam in profanis zu setzen.

*) Meiern 4ter Th. S. 380. Beym Hauptwerke erinnere er sich gleichfalls, aus denen hinc inde ausgestellten propositionibus, resolutionibus, replicis, und duplicis, sowohl auch vorigen Reichs-Tags Bedenken, und darauf vorgegangener Handlung, daß nicht mehr als 2 Vorschläge, der pfälzischen Sache abzuhelfen, ins Mittel kommen, nemlich vors (1) restitutio per amnestiam universalem ad terminum anni 1618. oder (2) zwar particular-tractaten, doch daß durantibus his pacis comitiis dieselbe fortgesetzet, und vollendet würden. In solcher Hoffnung nun, und daß durch dieser Wege einen dem Werk geholfen werden möchte; hätten Ihre fürstliche Gnaden endlich den letztern beliebt. &c. &c.

Blutes seines Herrn zu vertheidigen, unwirksam blieb der von Pfalz-Neuburg gegen die Theilung der Lande wegen einem einzigen Agnaten zum Nachtheil der ganzen Rudolphischen Linie, eingelegte Widerspruch; denn das eiserne Gesetz der Noth hatte die Stände beharrlich gestimmet. Schweden allein war noch übrig, von dessen mächtigem Einfluß, und der bisher bewiesenen guten Verwendung für das Haus Pfalz, ein Stral von Hoffnung eines gemilderten Schicksales noch leuchtete; aber auch dieser letzte, einzige Stral ward bald verfinstert: die kaiserlichen, und schwedischen Gesandten hielten zwar zu Osnabrück über den von diesen jenen mitgetheilten Entwurf eines Friedens-Instrumentes öftere Zusammenkünfte, der Inhalt des Entwurfes selbst, und der darüber gepflogenen Handlungen, blieb aber —— zwar gegen den ausdrücklichen Vorbehalt in dem Reichsgutachten —— den Ständen ein Geheimniß, *) und nur

---

*) Die Schweden erklärten sich über die pfälzische Sache dahin: Causam vero palatinam visum est toti conventui hoc modo dirimere, ut modernus Elector Bavariæ primo loco inter Electores sæculares gaudeat, Carolus Ludovicus Palatinus octavo, quoad alteruter decedat — Præterea universa domus Electoralis palatina, cum omnibus, qui ei toga vel sago inserviverant, fruatur amnestia supra dicta plenissime: restituta in utrumque Palatinatum cum strata montana, omnique jure, quo ante hos motus gaudebat: excepto dominio Chamb usque ad fluvium Regen, Electori Bavariæ ita relinquendo, ut absque restrictione temporis pro æqua pecuniæ summa relui possit. De cætero Carolus Ludo-

die stückweise Mittheilung einiger Punkte an etliche Gesandten, nebst der Aeußerung des schwedischen Salvius gegen einen vertraueten Reichsständischen, daß der Punkt der Amnestie im allgemeinen bewilliget sey, und man keine Ausnahme habe beyfügen wollen, obschon unter andern in der pfälzischen Sache besondere Handlung gepflogen werden müste, welche darauf bestünde, daß die Unterpfalz dem Churfürsten ganz verbleibe, die Oberpfalz aber, mit der Bedingniß des Rechts der Wiedereinlösung, Churbayern eingeräumet werden könnte, und die evangelische Religions-Uebung darin verbleiben müste; *) — war, was die Stände von den Verhandlungen der Kronen zur Zeit erfahren konnten.

Dieß geheimnißvolle Benehmen, der aus den mitgetheilten wenigen Punkten schon wahrgenommene noch obwaltende heftige Widerspruch in den wichtigsten Friedens-Gegenständen, die unter den evangelischen Gesandten selbst über den Punkt der Beschwerden entstan-

---

vicus cum fratribus Cæsareæ Majestati fidelitatem & obedientiam præstet, A. C. consortes, interque eos cives & incolas oppenhemenses, in statum ecclesiasticum anni 1624. restituat, cæterisque id desideraturis exercitium religionis tam publice in templis ad statas horas, quam privatim in ædibus propriis, aut alienis ei rei destinatis, per suos aut vicinos divini verbi ministros, absque impedimento peragendum concedat. Meiern W. F. H. 5ter Th. S. 459.

*) Meiern 4ter Th. S. 497.

dene Trennung, ließen, wo nicht eine gänzliche Stokkung, dennoch eine noch lange Verzögerung des so sehnlich gewünschten Friedens befürchten, und bange Ahnbung eines neuen Feldzuges betäubte schon jede biedere zum Frieden gestimmte Sele. — Glücklich entflohen aber dem teutschen Horizont diese gefürchteten wiederholte Donnerschläge, und segenvoll das Gewitter, das im üppigen Umfangen die lechzende Natur wieder erquickt. — Die Aeußerung der franzbsischen Gesandten zu Münster, daß ihre Krone die katholischen Stände über ihre endliche Entschließung nicht beschweren lassen könnte, und wenn Schweden, und die Protestirenden sich zu gemilderten Bedingnissen zur Beylegung der Religions-Beschwerden nicht verstehen würden, ihre Armee von der schwedischen trennen, und mit der versprochenen Geldhülfe einhalten werde, *) hatte eine nie gewohnte Thätigkeit der schwedischen Gesandten zu Osnabrück, und die von diesen bewirkte Wiedervereinigung der evangelischen Stände unter sich, zur Folge, und bald sahen wenigstens diese das Resultat der mystischen Zusammenkünfte mit den kaiserlichen Gesandten, die über die Beylegung mehrerer wichtigsten Friedens-Gegenstände, der politischen, und Religions-Beschwerden, des Reformations-Rechtes der Landesherrn, und der Autonomie der Unterthanen, endlich der Herstellung der Gerechtigkeits-Pflege, verglichenen Artikel zur Berathschlagung mitgetheilet, worüber die weiteren Handlun-

---

*) Meiern 4ter Th. S. 499.

gen auf eine nach Münster beliebte Hauptzusammenkunft ausgesetzet wurden.

Hier sollte nun in der allgemeinen Stände=Versammlung die glückliche Epoche der Vollendung des ewigen Frieden herannahen, zu welchem Ende die kaiserlichen Gesandten ihren Aufsatz der Friedens=Urkunde, wie sie diesen mit den Schweden zu Osnabrück meistentheils verhandelt hatten, einsweilen in die Reichs=Dictatur gaben, und einen ähnlichen den Friedens=Mittlern, um ihn den französischen Gesandten einzuhändigen, zustellten. Die schwedischen Gesandten theilten gleichfalls den französischen mit, was zu Osnabrück mit den Kaiserlichen abgehandelt worden war, verlangten hierüber sowohl, als wie sie über die noch nicht erledigten Punkte gestimmet seyen, ihrer verbundeten Gedanken, und erklärten sich gegen die kaiserlichen Gesandten bey der ersten Zusammenkunft so gut, und zuverläßig, daß zur Fortsetzung der Haupthandlungen ohne weitern Verzug alle Hoffnung war.

So erwünscht aber auch die Vorbereitung zu einer gänzlichen Ausgleichung hierdurch eingeleitet wurde, so thürmten sich doch bald wieder Hindernisse, wie Berge, auf, deren Wegräumung die ganze Stärke des menschlichen Verstandes auffoderte. Ohne der übrigen Gegenstände zu gedenken, gab der nun allgemein bekannt gewordene Aufsatz der kaiserlichen Gesandten Stoff ge=

nug, die wechselseitige Uebereinstimmung noch entfernt zu halten: in Rücksicht der pfälzischen Sache enthielt er eine ungeänderte Wiederholung dessen, worauf sowohl die kaiserlichen, als bayerischen Gesandten vom Anfange der Friedens-Handlungen her, fest bestanden waren, die unwiederrufliche Belassung der Churwürde, und Oberpfalz mit allen Zugehören bey dem Hause Bayern wilhelminischer Linie, und die Fortdauer der in der Unterpfalz eingeführten katholischen Religions-Uebung mit Rechten, Gütern, Einkünften, und den von Bayern vorzüglich schon genannten Klöstern; in Hinsicht der Beylegung der Religions-Beschwerden war darin die Theilung des teutschen Kirchen-Eigenthums, als das einzige nothwendige Mittel, Teutschland von den ewigen Kriegen, und dem Untergang zu retten, mit den schwedischen Gesandten verglichen worden. Wenn auch Schweden bey der pfälzischen Sache noch auf dem Vorbehalt des Rechts der Wiedereinlösung der Oberpfalz, und der protestantischen Religions-Uebung bestund, so gab es doch bald die ganze Oberpfalz für Bayern auf die vormal zu Osnabrück unter Bedingnissen abgeredete Weise nach, und setzte den Religions-Punkt auf einen nähern Vergleich aus: *) beharrlicher war aber der Widerspruch der katholischen Stände gegen die unter den Kronen verglichene Beylegung der Religions-Beschwerden, welche in die Abtrettung der

---

*) Meiern 4ter Th. S. 616.

für ihre Religion gestifteten geistlichen Güter durchaus nicht willigen wollten, und bald muste der bayerische von den evangelischen Gesandten den Vorwurf hören, daß sie sich auf seine vorhin gemachte stattliche Vertröstung, obschon man von Seite der evangelischen bey der pfälzischen Sache, und vorzüglich, was die Oberpfalz betreffe, so sehr, und viel nachgegeben habe, nicht mehr verlassen könnten. *)

Fruchtlos trennte sich also diese allgemeine Versammlung: die schwedischen Gesandten reisten, über der katholischen Widersprüche aufgebracht, nach Osnabrück zurücke, welchen alle evangelischen folgten, und dadurch gerieth die gehoffte Ausgleichung wiederholt auf die äußerste Spitze der alten kriegerischen Trennung.

In dieser weiten Entfernung einer gütlichen Vereinigung theilten die französischen Gesandten zu Münster den schwedischen zu Osnabrück einen Aufsatz, wie die pfälzische Sache endlich zu bestimmen seyn möchte, unvermuthet mit, und verlangten dessen Vollziehung. Oestreichs, und Bayerns Genius muß diesen beyder Wünschen so vollkommen entsprechenden Entwurf den Franzosen zugelispelt haben, welcher nachher in der Friedens-Urkunde selbst, jedoch mit einigen Abänderungen, zum Gesetze erhoben wurde: die ehehin pfälzi-

---

*) Meiern 4ter Th. S. 609.

sche Churwürde, und die Oberpfalz, nebst der Grafschaft Cham, mit allen Zugehören, Regalien, und Rechten, sollte, gegen Verzicht der Schuld von dreyzehn Millionen, wie bisher, also auch für die Zukunft, den Herzogen in Bayern wilhelminischer Linie verbleiben, dahingegen die ganze Unterpfalz mit allen und jeden geistlichen, und weltlichen Gütern, Gerechtsamen, und Zugehören, deren die Churfürsten und Pfalzgrafen am Rheine vor den böhmischen Unruhen sich zu erfreuen gehabt haben, dem nunmehr mit einer neuen achten Chur begabten Churfürsten Karl Ludwig, mit Vernichtung alles dessen, was dem entgegen geschehen war, völlig restituiret werden, die Bergstraße dem Churfürsten von Maynz, und dessen Nachfolgern, gegen Bezahlung des Pfandschillings, verbleiben, dem Churfürsten von Trier, als Bischof von Speyer, die Ansprüche auf einige in der Pfalz gelegenen geistlichen Güter vor dem geeigneten Richter zu verfolgen, oder sich hierüber mit dem Churfürsten zu vergleichen, vorbehalten, und die katholische Religions-Uebung denjenigen, welche in der Unterpfalz derselben zugethan sind, frey belassen, und diese zur Annahme einer andern Religion nicht genöthiget werden. *)

Die schwedischen Gesandten zögerten hierauf mit ihrem Gegenentwurfe, welcher beynahe eine buchstäb-

---

*) Meiern 4ter Th. S. 409. folg.

liche Wiederholung des Projecktes der Franzosen war, nur daß sie in dem einen Aufsatze *) den Punkt der fernern Uebung der katholischen Religion in der Unterpfalz wegließen, und für die lutherischen, namentlich die Bürger, und Einwohner zu Oppenheim, den Kirchenzustand des Jahres 1624 vorbehielten, von der protestantischen Religions=Uebung in der Oberpfalz, welche sie zuvor immer so sorgfältig bedingen wollten, aber ganz schwiegen, gar nicht lange, und begleiteten ihn mit einem schmeichelhaften Schreiben an die Franzosen, worin sie die nicht unbillige Bedingniß äußerten: weil die pfälzische Sache ganz nach Bayerns Wunsche beygelegt sey, so möge der Churfürst auch die noch unerörterten Friedens=Gegenstände, und vorzüglich die schwedische Entschädigung zu einem erwünschten Ende befördern helfen. **) — Nun reiste der erste bayerische Gesandte von Haßlang mit beyden Entwürfen zu seinem Churfürsten ab, weil er des Hauptwerkes genug gesichert war.

Schmeichelnd muste Bayern diese Bedingniß seyn, das itzt sein Gewicht mehr, als jemals, fühlte. In hohem Tone schrieb der Churfürst an den Kaiser, die Tracta=

---

*) "in dem einen Aufsatze" weil in jenem, wozu die französischen Gesandten ihre Bemerkungen machten, dieser Punkt unverändert eingerücket ist, beyde aber von dem nemlichen Tage, und von dem schwedischen Gesandschafts-Secretair unterschrieben sind. Meiern 4. Th. S. 414. 417.
**) Meiern 4ter Th. S. 414.

taten nicht länger zu verzögern, indem er bey Fortsetzung des Kriegs seine Völker, die Erhalter der östreichischen Erblande, nicht allein an sich ziehen, sondern auch sich, und seine Lande besonders zu sichern, bedacht seyn werde, und diese nachdrückliche Sprache wirkte auf den Fortgang der Verhandlungen: bald theilten die kaiserlichen Gesandten den katholischen Ständen die bei der Amnestie, und den Religions-Beschwerden noch widersprochenen Punkte zur Berathschlagung mit, unter welch erstern die pfälzische Sache zwar auch, jedoch als schon besonders verglichen, und mit den Worten angezeiget war, daß sie durchaus nach den bey dem venetianischen Gesandten beyderseits hinterlegten Aufsätzen verbleiben solle, welches die katholischen Stände in ihrer Erklärung dann wörtlich wiederholten; *) und wenn auch die Evangelischen auf derselben Mittheilung widersprachen, daß die pfälzische Sache unter den kaiserlichen, und schwedischen Gesandten verglichen sey, und diese sie dadurch bestärkten, daß sie solche nicht mit den kaiserlichen, sondern den französischen Gesandten berichtiget hätten, der Aufsatz mit ihrem Wissen nicht, sondern von den Franzosen bei dem venetianischen Gesandten hinterleget worden sey, und der Inhalt ihnen unbekannt, ohne Zweifel aber der seyn werde, worauf die Königlich-Französischen bestünden, daß die päbstliche Religion in der Unterpfalz verbleiben solle; so wurde dieser Anstand durch die Aeuß-

---

*) Meiern 4ter Theil S. Fol. 821.

erung der Schweden, daß sie es bey dem, was zwischen den kaiserlichen und königlichen Gesandten dießfalls verglichen sey, beliesen, doch bald beseitiget, und die evangelischen Stände beschloßen hierauf, ihrer Erklärung nicht nur die nemlichen Worte einzurücken, sondern auch den schwedischen die Erinnerung an die bayerischen Gesandten dringend zu empfehlen, weil des Churfürsten Wünsche bei der pfälzischen Sache ganz erfüllet worden seyen, so möge er sich auch für die Beylegung der Beschwerden, und anderer Dinge, zum besten der Evangelischen, verwenden. *)

Bayern wirkte nun zwar, soviel sein eigenes Interesse zuließ, hiezu mit; allein der getheilte Einfluß der auswärtigen Kronen, und die dadurch unterhaltene Uneinigkeit unter den Ständen selbst, schienen die noch vorhandene Menge Schwierigkeiten unüberwindlich zu machen, und die schöne Friedens-Außsicht abermal zu umwölken. — Endlich leitete aber die hohe Vorsehung die getrennten Gemüther zum Vortheil der guten Sache; die Gesandten der ersten Stände beyder Religion schloßen sich enger an einander an, hielten vertrauliche Zusammenkünfte, erklärten sich wechselseitig über die noch stritigen wichtigsten Gegenstände, und diese Eintracht, und einmüthiges Bestreben das Werk zu vollenden, heiterte den umwölkten Gesichtskreis auf, lenkte die auswärti-

---

*) Meiern 4ter Theil S. 878. 784.

gen Kronen, thätiger für das harmonische Interesse
Teutschlands zu wirken, und brachte die Sache dem
Ziele so nahe, daß mehrere der wichtigsten, und ver-
worrensten Gegenstände, der Punkt der Autonomie der
Unterthanen, der Beylegung der Religions-Beschwerden,
und der schwedischen Entschädigung wirklich zur erwünschten Ausgleichung gediehen.

Nun sollte nach der Verabredung auch die pfälzische Sache vollzogen, und neben den Brandenburg- und
Braunschweigischen æquivalent-Punkten unterschrieben
werden: weil aber die schwedischen Gesandten — obschon
sie in der Sache selbst keine Schwierigkeiten zu machen,
und, wie sie verglichen sey, zu belassen, erklärten —
gegen die ausdrückliche Bedingniß ihrer bereits bestimmten Schadloshaltung, vor berichtigter Hessen-Kasselschen
Entschädigung, ihre Unterschrift durchaus verweigerten;
so wurden mit ihrem Wissen im Namen der Stände beyder Religion die pfälzische Sache, und die æquivalent-
Punkte unterschrieben, die Unterschrift der Kaiserlichen,
und Schweden aber auf die Bestimmung der Kasselschen
Entschädigung verschoben. Einige Evangelischen eröffneten nachher diesen Vorgang den schwedischen Gesandten; Ochsenstirn fragte aber, als hätte er es überhöret:
ob die pfälzische Sache dann auch unterschrieben wäre?
und als ihn die Gesandten erinnerten, daß er ja selbst
damit zufrieden gewesen sey; lachte er, und sagte:
transeat hoc cum cœteris erroribus, man müße sich

wegen Heſſen-Kaſſel, welches es ungerne hören würde, ſo ſtellen, als wenn es von den Ständen herkomme, welche den Haß auf ſich nehmen müſten. *)

Bald nach unterſchriebener pfälziſchen Sache wurde auch der Punkt der Amneſtie völlig verglichen, und unterſchrieben, darin aber von der pfälziſchen Sache lediglich erwähnet, daß ſie eingeſchaltet werden ſolle; **) und auf dieſe Weiſe gewann das Friedensgeſchäfft unter den kaiſerlichen, ſchwediſchen, und der Stände Geſandten zu Osnabrück einen ſchnellen Fortgang, und kam der Vollendung ſo nahe, daß die Aufſätze der ſchwediſchen Friedens-Urkunde wirklich unterſchrieben, geſiegelt, von dem kaiſerlichen Geſandten Cran, und dem ſchwediſchen Salvius in Gegenwart der Reichs-Deputirten gegen einander ausgewechſelt, und bei dem Reichsdirectorio hinterleget wurden.

Mehrern, und einen weſentlichen Anſtand verurſachte aber die Vollziehung der franzöſiſchen Urkunde, und dieß wegen der pfälziſchen Sache, und der Religions-Uebung in der Unterpfalz. Nach der Geſchichte war dieſe Sache zwiſchen den franzöſiſchen, und ſchwedi-

---

*) Meiern Weſtphäl. Friedensh. 5ter Th. S. 589.

**) Meiern 5ter Th. S. 719. Ante omnia vero cauſam palatinam (inferatur) die Unterſchrift der pfälziſchen Sache geſchah am 15ten März, jene des Amneſtie-Punkts am $\frac{11}{21}$ ten April 1648. Meiern 5. Th. S. 589. 719.

schen Gesandten unter Mitwirkung der Friedens-Mittler zu Münster, und zwischen den kaiserlichen, schwedischen, und der Stände Gesandten zu Osnabrück, besonders verhandelt, und verglichen worden. Der Churmaynzische Kanzler las den Artikel über die pfälzische Sache, in Beyseyn der Reichs-Deputirten, aus dem von dem französischen Gesandten ihm gegebenen Original-Aufsatz von Münster, und mit der darin enthaltenen Bedingniß: daß die katholische Religions-Uebung denjenigen, welche in der Unterpfalz derselben zugethan sind, frey verbleiben, und sie zur Annahme einer andern Religion nicht genöthiget werden sollen — nach der Beschuldigung der Evangelischen, geschwind, und stille ab: plötzlich unterbrach ihn der Sachsen-Altenburgische Gesandte von Thumshirn, es sey etwas neues, wider den gemachten Reichsschluß, und die mit dem Herrn Grafen Servient genommene Abrede, daß der Artikel von der pfälzischen Sache wörtlich, wie in der schwedischen Friedens-Urkunde, verbleiben solle; dem Kanzler komme nicht zu, zum Nachtheil der Evangelischen, und ohne ihr Wissen, bereits verglichene Dinge nach Gefallen zu ändern, und, als wenn es ein allgemein beliebtes Werk wäre, öffentlich abzulesen. Der französische Gesandte Graf von Servient nahm hiergegen das Wort und berief sich dahin: es wäre zu Münster zwischen den Kaiserlichen, und Französischen, durch Unterhandlung der Friedens-Mittler also verglichen, und unterschrieben worden, davon er nicht weichen könne, und eher wegziehe, als etwas, was zu

Münster bereits geschlossen wäre, ändere. Die protestantischen Gesandten erwiederten aber in heftigem Tone: weder die kaiserlichen, noch die Friedens-Mittler, noch die französischen Gesandten, könnten über ihr Interesse rechten; die Kaiserlichen seyen Theil, der päbstliche Nuncius ihr Todfeind, und weder der venetianische, noch die französischen Gesandten, welch letztere ohne dieß oft erkläret hätten, in Religions-Sachen unter den Ständen keine Partey zu nehmen, würden eine Vollmacht zu diesem Vergleiche vorzeigen können, welcher so heimlich geschehen wäre, daß die Schweden selbst geraume Zeit keine Nachricht davon erhalten hätten: hier sey unter den kaiserlichen, schwedischen, und der Stände Gesandten die pfälzische Sache ausdrücklich dahin abgehandelt worden, daß diese Bedingniß ausbleiben sollte, davon sie nie abstehen, noch zugeben könnten, bereits verglichene Dinge wieder in Zweifel zu ziehen. Weil nun Servient eben so beharrlich auf seinem Worte bestund, so suchten die protestantischen durch die katholischen Gesandten ihn von seinem Begehren abzubringen, und stellten diesen, und vorzüglich dem Churbayerischen dringend vor, wenn die Handlung über die pfälzische Sache in einem Punkte durchlöchert werden sollte, so würden die schwedischen Gesandten nicht daran gebunden, und die protestantischen Stände zur Gewähr nicht gehalten seyn wollen; die Katholischen antworteten aber, sie ließen es ihrerseits bei dem, was hier geschlossen wäre, könnten jedoch den Grafen Servient nicht zwingen; und so entstund

stund ein hefftiger Wortwechsel, ohne zu erwähnen, wie dann dieser Punkt zu Osnabrück verglichen worden sey, bis der Churbrandenburgische Gesandte Wesenbeck die erhitzten Gemüther durch die unvermuthete Erklärung unterbrach: "es wäre die Auslassung dieses Artickels dergestalt verglichen, daß hingegen der Churfürst von Bayern auch nicht schuldig seyn sollte, in der Oberpfalz das evangelische exercitium zu dulden." Ungerne hörten die protestantischen Gesandten diese Aeußerung, und Thumbhirn erinnerte ausdrücklich, sich doch in die Sache selbst nicht einzulassen; es war aber einmal gesagt, und der bayerische Gesandte bemerkte es sich sorgfältig. *) — Endlich gab Servient auf vieles Zureden soweit nach, daß er in die Einrückung einer Klausel willigte, **) welche in dem französischen Friedens-Instrumente diesem strittigen Puncte untergesetzet, sodann dasselbe unterschrieben, und gleichsfalls Churmaynz übergeben wurde.

Durch diesen Ausweg ward auch der letzte wichtige Anstand gehoben; und nun giengen sämtliche Gesand-

---

*) Meiern W. F. H. 6ter Th. S. 367. 368.
**) (Cum ex parte statuum imperii remonstratum fuerit, quod domini cæsarei, suecici, & statuum legati aliter circa hunc § *exercitium* &c. transegerint, & inter se convenerint, ut debeat ommitti, propter defectum autem mandati dominus legatus gallicus non potuerit nunc consentire, ideo recepit, se rem relaturum Regi Christianissimo). Meiern S. 378.

C

ten nach Münster, um die Früchte ihrer rastlosen Bemühungen zu ärndten, und das große Friedenswerk zu vollbringen. Ruhig, und segenvoll glänzte ihnen itzt die Morgenröthe des kommenden Tages entgegen; aber noch errinnerten sich die Stände des nemlichen, schon einmal dort verfehlten Zweckes, und beschloßen daher vor ihrer Abreise, beharrlich auf den mit dem französischen Gesandten zu Osnabrück verglichenen Punkten zu bestehen, und diesen Entschluß den kaiserlichen Gesandten schriftlich zuzustellen. Wie nothwendig diese Vorsicht gewesen sey, hat die Erfahrung bald gelehret; denn unter andern wichtigen Schwierigkeiten, welche von der Kronen Gesandten erreget wurden, wollte auch Servient den Anstand über die katholische Religions-Uebung in der Unterpfalz noch vor Vollendung der Friedens-Urkunden berichtiget haben. *)

Schneller, als ehehin entwickelten sich aber itzt alle Schwierigkeiten einhellig zum Ziele, da der verwüstende Kriegsgeist durch die alles bezwingende Zeit entkräftet worden war, und ganz Teutschland sich nach Ruhe sehnte. Der Menschenvater leitete nun Herz, und Hand zur Vollendung der Friedens-Urkunden, in welchen die pfälzische Sache beynahe wörtlich nach dem oben ausgezogenen Aufsatze der französischen Gesandten bestimmet, und entschieden ist, von den zwo wichtigen, und bey

---

*) Meiern 6ter Th. S. 596.

den Friedens-Handlungen von beyden Theilen so wesentlich verlangten Bedingnissen aber, von Seite der Krone Frankreich der Fortdauer der katholischen Religions-Uebung in der Unterpfalz, und von Seite der Krone Schweden der evangelischen Religion in der Oberpfalz, mit keiner Silbe eine Erwähnung geschieht, sogar die von dem französischen Gesandten jüngst eingerückte Klausel ausgelassen worden ist.

Das in drey christlichen Religionen wieder vereinigte Teutschland blickte nun dankbar zur Allmacht auf, welche die blutsaugenden Harpyen in ihre höllischen Klüfte verwiesen, und die Duldung, die schönste Tochter des Gottes der Liebe, zur Führerin der Menschheit nieder gelassen hatte, und sendete einhellig die feurigsten Wünsche für die Vollendung des noch übrigen wichtigen Geschäfftes, der wirklichen glücklichen Vollziehung des Friedenschlußes, nach der in den Urkunden vorgeschriebenen Weise, himmelan, welche erst Germaniens Ruhe dauerhaft sichern konnte.

So pünktlich aber auch diese Geschäfftbahne durch Rückgabe der eroberten Lande an ihre rechtmäsigen Herrn, und alles dessen, was einem jeden in dem geist- und weltlichen gebühre, durch Abführung der fremden Heere aus dem Reiche, und durch Bezahlung der versprochenen Entschädigungs-Gelder, in den Friedens-Urkunden geordnet, und bestimmet worden war; so mannigfaltige Anstände verursachte bald ihre Ausführung durch Menschen, deren Interesse getheilet, deren Handlungen mitunter durch Eigennutz geleitet wurden. Zu Münster und Osnabrück verweilten die Gesandten noch lange Zeit, weil die Bestättigung des Frieden von den auswärtigen Kronen, und mehrern Ständen, welche etwas abtretten mußten, verzögert, die Auswechselung der eingekommenen Ratifikationen, neben andern Ursachen, wegen noch nicht erfolgter Erklärung des Pfalzgrafen Karl Ludwig, und seiner Brüder, über die Annahme des Frieden, und den Verzicht nach den Friedens-Urkunden, zurücke gehalten, dadurch die Abtrettung der Unterpfalz, und die Rückgabe der kaiserlichen Verbindung über die geliehenen dreyzehn Millionen von Seite Bayerns verweigert, und die Vollziehung des Frieden überhaupt von den kreisausschreibenden Fürsten nicht thätig genug betrieben wurde. Bey den Armeen veranlaßte zwar der schwedische Heerführer, Pfalzgraf Karl Gustav, nach erhaltener Nachricht des unterschriebenen Frieden, mit den kaiserlichen Generälen zu Prag eine Zusammenkunft über die in den Urkunden beliebte Vollziehungsordnung, bey welcher letztere vorzüglich den Abmarsch der schwedischen Völker aus dem Reiche verlangten; die Schweden wandelte aber die Lust noch nicht an, nach der weiten Ostsee zu gehen, sie fanden vielmehr Teutschlands fruchtbare Gegenden zu schön, und behaglich, als daß ihre Heere auf die Leiden des Krieges nicht auch die Früchte des Frieden darin noch mitgenießen sollten;

und nutzten das langsame Benehmen der teutschen Stände zu ihrem Vortheile so gut, daß sie nach einer zu Minden unter ihren Generälen und Gesandten gehabten Zusammenkunft die noch auf den Friedensorten versammelten Gesandten wissen ließen, ihre Völker würden weder die eroberten Lande räumen, noch die teutsche Erde verlassen, bis die völlige Herstellung der beschwereten in dem geist- und weltlichen erfolget; für welche der langjährige Krieg geführet worden wäre, und ihr großer König Gustav sein Leben geopfert hätte.

Dieser Entschluß, so sehr er dem Wunsche der Stände aus Schonung ihrer mit schwedischen Völkern überhäuften Lande entgegen war, und so anschaulich sie ihren Ruin durch die nicht aufzubringenden Kosten dagegen vorstellten, war nicht mehr zu ändern, und man mußte nur auf Mittel denken, die Vollziehungs-Handlungen zu beschleunigen. Der Stände Gesandten ersuchten zu diesem Ende, nach immittelst eingekommenen Friedens-Bestättigungen, den schwedischen Heerführer, zu Minden diese Handlungen zu eröffnen; derselbe zog aber die fruchtbare Lage Nürnbergs dem rauhen Westphalen vor, und reiste mit dem schwedischen Bevollmächtigten, dem Kriegs- und Assistenz-Rathe Erskein, dahin ab, welchen der Stände Gesandten nach und nach folgten.

Hier eröffnete sich nun die Friedens-Vollziehungs-Versammlung, welche sich vorzüglich mit dem Abzuge der Besatzungen, und der Rückgabe der eroberten Lande, nach der zielweis erfolgten Zahlung der Entschädigungs-Gelder, beschäfftigen sollte, folglich ein Geschäfft der Heerführer war: bald kamen aber unter dem Schutze des günstigen Entschlußes der Schweden viele Klagen über die nicht erfolgende Herstellung aus dem Grunde der Amnestie, und Beschwerden ein, darum der Geschäfftkreis der Versammlung auch darauf erweitert, und acht Deputirte aus Mitte der Stände Gesandten gewählet wurden, welche die Gründe eines jeden sich beschwerenden aus der Friedens-Urkunde prüfen, beleuchten, und versuchen sollten, wie die Sache beyzulegen sey.

So wie bey den Friedenshandlungen zu Münster und Osnabrück die Entscheidung der pfälzischen Sache die wechselseitige Uebereinstimmung lange entfernt hielt, und einen Hauptgrund ihrer Verzögerung mit ausmachte; so schien dieselbe auch gleich mit dem Anfange der Vollziehungs-Handlungen in neuen Widerspruch zu gerathen. Die unbedingte Erklärung Karl Ludwigs, und seiner Brüder über die Annahme des Frieden, und den Verzicht auf die abzutretenden Lande und Würden, war noch nicht eingekommen, und Bayern verweigerte bis dahin die Räumung der Unterpfalz. Der Abzug der schwedischen Völker aus der Oberpfalz war immittelst dem Churfürsten von Bayern ein eben so dringendes Anliegen, welcher von Seite der Schweden mit der

Räumung der Unterpfalz engeſt verbunden zu ſeyn angegeben wurde: Bayern erklärte ſich endlich hierzu bereit; die Schweden wollten aber nur dann aus der Oberpfalz abziehen, wenn der Churfürſt rückſichtlich dieſer beſondere Traktaten mit ihnen eingehen, und unter andern Punkten den Adelichen in der Oberpfalz, und Grafſchaft Cham, ihre der freyen Uebung der Augsburgiſchen Konfeßion anhängenden, und noch in dem Jahre 1624 ausgeübten Patronat- und andere Rechte ungeſtöret belaſſen würde; *) welche Bedingniß ſie ſo ernſtlich fortſetzten, daß ſie in der demnächſt herausgegebenen Liſte der nach dem Frieden noch nicht, oder nicht völlig hergeſtellten Churfürſten und Stände, auf der lutheriſchen in der Oberpfalz übergebene Vorſtellung einrückten: "Oberpfalz ſamt der Grafſchaft „Chamb durchgehends ratione der Städte, Landſaſſen, „Lehenleute und Unterthanen, in die anno 1624 üblich „geweſene libertatem conſcientiae, et exercitii „Auguſtanae Confeſſionis, und was dieſem in dem „Inſtrumento Pacis Art. V. §. quantum deinde ad „Comites 12. verſ. hoc tamen non obſtante ſtatuum „catholicorum, Landſaſſii &c. anhängig zu ſeyn „berühret wird, von Churbayern zu reſtituiren, und „alſo die zerſtreute armſelige Erulanten, vermög des „Friedensſchluſſes, wiederum zu admittiren, ihnen

---

*) Meiern Nürnbergiſche Friedens-Executions-Handlungen 1ter Th. S. 52. 53.

„wegen der ihnen vorigen Herrschaft zu Wohlfahrt des
„Landes vorgeliehenen Gelder billigen Abtrag zu thun,
„und andern in ihrem Memorial enthaltenen Gravami-
„nibus gebührend abzuhelfen, und der Noblesse, Kraft
„erst allegirten §. & versus, ihr vor undenklichen
„Jahren hergebrachtes, und noch anno 1624 in quasi
„possessione gehabtes jus patronatus et similia
„ungehindert, und ohne einige Gegenwehr, oder künftige
„Turbation zu lassen." *) und diese Liste mit dem
bald nachher von ihnen entworfenen Präliminar-Receß,
wie der Abmarsch der Völker, die Rückgabe der Lande,
und die Zahlung der Entschädigungs-Summen nach
und nach erfolgen solle, bekannt machten, und dessen
Unterschrift von den Ständen verlangten.

Den bayerischen Gesandten, welchen die besondern
Handlungen über die pfälzische Sache zu Münster und
Osnabrück, und die Erklärung des brandenburgischen
Gesandten noch ganz gegenwärtig waren, mußte dieß
sonderbare Verlangen neuer Traktaten in jeder Rücksicht
unerwartet, und befremdend seyn: sie verweigerten
daher die Unterschrift des Präliminar-Recesses, bis
nebst andern Gegenständen ihr Churfürst auch wegen
der Religion in der Oberpfalz gesichert, und dieser
Punkt aus der Restitutionsliste ausgethan wäre, oder
derselbe sie zur Unterschrift besonders anwiese; und
eröffneten dieß Vorhaben den kaiserlichen Gesandten.

---

*) Meiern N. F. E. H. 1ter Th. S. 101. 102.

Vollmar versammelte hierauf die Reichsdeputirte um sich her, legte ihnen die Bedingnisse der bayerischen Gesandten vor, und machte auf derselben Ersuchen den Vortrag: "Die kaiserliche Gesandtschaft, „insonderheit ihn, befremde, daß jetzo deßwegen etwas „auf die Bahn kommen; denn ob zwar der königlich= „schwedische Gesandte, Herr Graf Ochsenstirn, zu „Münster auch etwas moviren wollen, so erinnere man „sich doch, daß die kaiserlichen Gesandten, sowohl die „katholischen, als auch die churbayerische, alsbald „contradiciret. Er ersehe aus der königl. schwedischen „deduction, so sie in puncto restitutionis ex capite „amnestiae et gravaminum, ausgestellet, daß sie „diesen Punkt umständlich ausgeführet, und behaupten „wollen, könne aber nicht verhalten, daß Ihro kaiserl. „Majestät jedesmal, wann wegen dieses Punkts was „vorgelaufen, ihre Gesandten instruiret hätten, hierin „nicht nachzugeben. Darum die Churbayerischen die „kaiserliche Gesandtschaft requiriret, die Bewandniß „und Billigkeit zu remonstriren, damit man sich darin „nicht aufhalte. Die bey der Handlung zu Osnabrück „gewesen, wüßten, was vorgelaufen, und hätten die „kaiserliche dergleichen nicht vermuthet. Es würden „auch die königlich=schwedischen bey der Friedens= „Handlung zu Münster gewesenen Gesandten, wenn sie „zugegen, nicht verneinen, daß solche Sache verglichen „sey. Die königlich=schwedischen hätten damals „begehrt, es solle in der Oberpfalz wegen der Religion

„verbleiben, wie es anno 1624 gewesen, welchem von
„Seiten der kaiserlichen dießfalls widersprochen, und
„urgiret worden, es solle vielmehr sowohl in geist- als
„weltlichen Sachen bleiben, wie Churbayern Churfürstl.
„Durchlaucht bishero die Lande besessen, und es darinn
„practiciret. Endlich hätte Herr Salvius den Ausschlag
„gegeben, es solle die Unterpfalz gegen die Oberpfalz
„gesetzt, und jedem Theil in seinen Landen freye
„disposition gelassen werden. Darauf wären sie, die
„kaiserlichen Gesandten, mit denen französischen in
„Streit gerathen, welche die katholische Religion wollen
„in der Unterpfalz erhalten, denen sie aber gesagt, sie
„würden nichts ausrichten, damit dann endlich auch
„die französischen zufrieden gewesen. Diesemnach bitte
„er im Namen der kaiserlichen Gesandtschaft, man
„wolle sich hierin nicht aufhalten; denn, wie gesagt,
„wenn gleich Ihro kaiserlichen Majestät erwartende
„resolution vorhanden, werde sie doch darauf gerichtet
„seyn. Die Churbayerischen Gesandten hätten damals
„von denen, die das Werk von Seiten der protestirenden
„dirigiret, das Versprechniß erlanget, es solle wegen
„der Oberpfalz in puncto religionis also bleiben, ja
„der damals zu Osnabrück anwesende Churbayerische
„Gesandte hätte gesagt, daß ihm ein schriftlich attesta-
„tum zugesagt worden, so aber hernach etwa nicht
„erfolget. Bitte, man wolle das Werk seiner Bewandniß
„nach consideriren, und diese remoram removiren
„helfen."

Auf diesen Vortrag antworteten die Deputirte:
„was den punctum religionis betreffe, bedünke sie,
„die Herrn Churbayerischen movirten denselben zur
„Unzeit, und errinnere sich Se. Excellenz, daß, als
„der Churbayerische Gesandte, Herr Doctor Oexel,
„verwichene Tage zu seiner Churfürstlichen Durchlaucht
„verreiset, das Werk mit den königlich - schwedischen
„ganz abgeredet worden, und sogar die subscription
„des interims - recessus von Seiten der Stände depu-
„tirten vorgegangen, damit er dann zu seinem gnädig-
„sten Herrn gereiset, und des oberpfälzischen Religions-
„Werks nie mit einigem Worte gedacht. Wann er
„gleich daßelbe auch vorgebracht, würde man sich doch
„nicht eingelaßen haben, dieweil das Werk mit der
„exauctoration nichts zu thun, und sie allerseits ge-
„williget, daß keines mit dem andern solle confundiret
„werden. Es wäre eine gewiße designatio restituen-
„dorum gemacht, man hätte gewiße termine, binnen
„welchen solche restitutio geschehen solle, gesetzet, gewiße
„Deputirte, welche die Sache zu debattiren, beliebt,
„die dann auch zusammen kommen, und die pfälzische
„Sache in primum terminum gesetzet, damit die
„Churbayerischen zufrieden gewesen, und nicht erwäh-
„net, daß selbe Sache mit diesem exauctorations-
„Werk solle connectiret werden. Als auch ermeldter
„D. Oexel auf dem Rathhause der Churfürsten, und
„Stände Gesandten dieser Tage relation gethan, was
„Se. Churfürstliche Durchlaucht sich resolviret, da

„hätte er zwar des oberpfälzischen Religions = Wesen so
„weit erwähnet, daß es richtig seyn müße, aber nicht,
„daß diese Sache eine conditio fine qua non der
„subfcription seyn solle, sondern daß die Irrungen in
„zwey Punkten bestünden, 1) wegen des refervati
„pro allodialibus, und 2) daß der Herr Pfalzgraf
„Churfürst nunmehr den Titel des Erz = Truchseſſens
„Amts nicht wolle fallen laſſen, bis ihm die Unterpfalz
„restituiret: daher er gebethen, dieſe obſtacula zu
„removiren ꝛc. Darauf hätte man dem königlich=
„schwedischen Herrn Generaliſſimo zugesprochen, die
„Churpfälzischen zu diſponiren: aber wegen des Reli=
„gions = Wesen Sr. Fürstlichen Durchlaucht was vor=
„zubringen, wäre weder von ihm, noch jemand anders
„begehret worden. Deputati hielten dafür, es wäre
„ein Werk von großer conſequenz; dann wann die
„Churbayerischen wollen diese Sache ex designatione
„restituendorum nehmen, und sagen, dieselbe müße
„vorhero richtig seyn, dürften die königlich = schwedischen
„hernach in andern Sachen auch sagen, es stehe ihnen
„solches auch frey, und wollten sie, wann es zur
„subſcription des Haupt = receſſus kommen sollte, nicht
„eher subſcribiren, welches sowohl ihrer kaiserlichen
„Majestät, als Churfürsten, und Ständen zum höch=
„sten Schaden werde gereichen. Bäthen, Se. Excellenz
„wollten die Churbayerischen von diesem neuen petito
„abmahnen. Die evangelischen würden sich auch nicht
„einlaſſen, sondern die Sache an ihren gehörigen Ort

„versparen, und dieselbe nehmen, wie sie läge, auch
„consideriren, was dabey vorgelaufen. Es würden
„die Churbayerischen selbst nicht gerne sehen, wann
„die evangelischen dergleichen Veränderung, und Ver-
„wickelung der Sachen vornähmen, also sollten sie auch
„billig andern dergleichen nicht zumuthen."

Vollmar erwiederte aber hierauf: „er vernehme,
„daß deputati dafür hielten, die Churbayerschen sollten
„noch zur Zeit nichts moviren. Nun habe er zwar
„von denen Churbayerischen, ehe D. Oexel von Nürn-
„berg abgereiset, Nachricht erlanget, was vor seiner
„Abreise zwischen ihm, und denen schwedischen allhie
„vorgangen, müße auch bekennen, daß jetziges Vor-
„wenden der Churbayerischen damals nicht vorkommen;
„allein mehrgedachter D. Oexel, hätte dergleichen reso-
„lution von Sr. Churfürstlichen Durchlaucht mitge-
„bracht, und würde Ihro kaiserliche Majestät eben der
„Meynung seyn. Vernehme, daß die königlich-schwe-
„dischen die Sache auf die Stände remittirten, also
„stehe bey den deputatis, sich zu erklären, denn es ein
„Werk, so die Sache befördern, auch zerstosen könne,
„und hielten es Ihro kaiserliche Majestät, und die
„katholischen Stände vor eine ausgemachte Sache.
„Man könne die Sache also wohl befördern, wenn
„man sich erkläre, es bleibe dabey, und wäre sodann
„nicht nöthig, daß man es ad primum terminum
„remittire."

Diese Sache ward demnächst zur Vollziehungs-Versammlung gebracht, wobey die protestantischen Gesandten in dem Fürstenrathe der Deputirten Erklärung anhiengen, die katholischen aber, und der ganze Churfürstenrath auf Bayerns Seite waren, und verlangten, man solle die oberpfälzische Religions-Sache aus der Restitutions-Liste ausnehmen: weil aber bey dem gemachten Vor- und Mitvortrage der Städterath darauf bestund, daß Bayern vorerst seine Gründe vorlegen, und darüber in der Versammlung der Deputirten ordentlich über die Sache erkannt werden solle; so wurde kein Reichsschluß abgefasset. *)

Die bayerischen Gesandten wollten sich immittelst mit dieser Trennung der Gegenstände eben so wenig begnügen, als ihre Gründe über eine Sache vorlegen, und solche einer neuen Prüfung, und Erkanntniß unterwerfen, welche bey den Friedens-Handlungen schon durch einen besondern Vergleich entschieden worden war. Sie errinnerten daher die Sachsen-Altenburgischen Gesandten, es würde hoffentlich bey dem von beyden höhern Räthen wegen dem oberpfälzischen Religions-Wesen jüngst gemachten Schluße verbleiben; dann obschon der Städterath anderer Meinung gewesen, und etliche in dem Fürstenrathe von Seite der A. C. Verwandten ihm beygetretten wären, so wüßten sie doch nicht, ob

---

*) Meiern S. 268—270.

den Städten, welche ihre Stimme für das Gleichgewicht hielten, so viel eingeräumet werden könnte. Wenn anderst Glauben wolle gehalten werden, müße es eine verglichene Sache verbleiben. Sie hätten schon vor zween Monathen bey den schwedischen Gesandten errinnert, weil sie, nichts davon zu wissen, sich entschuldigten, so möchten sie doch an Herrn Salvius schreiben, und Bericht einholen; sie erwähnten aber nun von dessen Antwort nichts, und werde er es gewiß nicht widersprochen haben.

Die Sachsen-Altenburgischen Gesandten bestättigten der bayerischen Behauptung, und antworteten, „daß ihnen nicht unbewußt, was darin bey den Frie„dens-Tractaten zu Münster und Osnabrück vorge„gangen, daß es nemlich eine verglichene Sache, und „wie dießfalls die Unterpfalz gegen die Oberpfalz ge„setzet worden sey. In specie errinnerte der von „Thumshirn, daß ihm unentfallen, was er damals „zu Osnabrück an den Churbayerischen Abgesandten „D. Krebsen geschrieben, (welches sie dann bey sich „hatten) und wäre es damals darum geschehen, damit „der punctus autonomiae solle bleiben, wie er mit „dem Grafen von Trautmannsdorf abgehandelt gewe„sen. Nachdem aber darin eine Aenderung vorgegan„gen, hätte er ermeldten D. Krebsen errinnert, es werde „die von ihm begehrte clausul nur eine contradiction „abgeben, und vielleicht auch Sr. Churfürstlichen

„Durchlaucht bey den kathölischen Ständen eine Nach=
„rede bringen, daß allein ihre Lande wegen des excer=
„citii publici sollten eine exceptionem des Jahres 1624
„machen. Wäre also die begehrte absonderliche decla-
„ration verblieben." *)

Nach immittelst von dem Hofe zu München ein=
gelangtem Befehle an dessen Gesandten zur Unterschrift
des Präliminar-Recesses, hatten auch die Deputirte
die Handlungen über die schwedische Restitutions=Liste
fortgesetzet: weil aber der Fürstenrath in zween Schlüs=
sen durch die Mehrheit der Stimmen, das nemliche
Verlangen, wie der Städterath, geäußert, **) die
Stände in ihrer Erklärung über diese Liste die Oberpfalz
bis auf die Churbayerische deduction ausgesetzet, ***)
einige protestantischen Deputirte in einem Aufsatze über
die noch strittigen Restitutions=Punkte das oberpfälzi=
sche Religions=Wesen aus mehrern Gründen unter die
allgemeine Norm des Frieden begriffen, oder die Aus=
nahme hievon zu beweisen, von Churbayern verlan=
get, ****) und selbst der schwedische Heerführer sich in
der Schlußerklärung über die Herstellung aus dem
Grunde der Amnestie, und Beschwerden, in Hinsicht
der

---

*) Meiern N. F. F. H. 1ter Th. S. 284. 285.
**) Meiern S. 429. 430.
***) Meiern 1ter Th. S. 453.
****) Meiern 1ter Theil S. 642. 643.

der pfälzischen Sache, dahin geäußert hatte: „Untere
„Pfalz ꝛc. weilen solche peculiari aliqua transactione
„verglichen, und der universal-amnestie in den zu-
„rücklassenden so edlen Landen sich nichts zu erfreuen,
„hingegen ausdrücklich versehen, daß dieselbe vollkom-
„mentlich ante omnia zu restituiren. Demnach wie
„in commodis, also auch in onerosis nicht unter die
„universales regulas zu zählen: lassens des Herrn
„Pfalzgrafens, und Generalissimi Fürstliche Durch-
„lauchten in omnibus et per omnia bey ihrem Aufsatz
„in der deduction enthalten, und unter andern auch,
„was darin von introduction der Augsb. Confession
„daselbst sowohl auf dem Land, also nachgehends bey
„der Stadt Heidelberg in besagter Stadt begriffen, ver-
„bleiben. Obere Pfalz ꝛc. will man hoffen, daß
„nunmehro von denen Herrn Churbayerischen ihre
„deduction bevorab super puncto autonomiae werde
„einkommen seyn, in Entstehung dessen aber ist selbiger
„noch in primo termino aus denen königlich-schwed-
„schen in instrumento pacis fundirten rationibus zu
„entscheiden;" *) so mußten die bayerischen Gesandten,
bey dem Bewußtseyn eines auf dem Friedensconvent
hierüber eingegangenen besondern Vergleiches, dennoch
dem allgemeinen Verlangen entsprechen.

Sie gaben daher, jedoch mit dem Vorbehalt, daß
ihr Herr sich in einigen Zwist nicht einlassen, noch, daß

---
*) Meiern 2tes Th. S. 459.

die Sache in Zweifel gezogen werde, zugeben könne, sondern lediglich zur Nachricht derjenigen, welche keine gründliche Wissenschaft davon hätten, eine ausführliche Schrift heraus, in welcher, nebst Widerlegung des Aufsatzes einiger protestantischen Deputirten, mit vielen Gründen abgeleitet wird, daß die Beylegung der pfälzischen Sache ein ganz besonderes, und separates Werk sey, welches an die allgemeinen Regeln der Amnestie und Beschwerden nicht gebunden, sondern immer auf besondere Tractaten ausgestellet worden wäre; daß die schwedischen Gesandten durch die, für die Fortdauer der lutherischen Religion in der Oberpfalz, der Friedens-Urkunde einrücken wollenden besondere Klauseln, welche sonst ganz unnöthig gewesen wären, dieß selbst anerkannt hätten; daß der Churfürst von Bayern aber die Einrückung einer solchen Klausel immer widersprochen, und bey dem Religions-Frieden, worin die vorgenommene Reformation genug gegründet sey, zu verbleiben erkläret habe; daß der schwedische Gesandte Salvius bey diesem heftigen Widerspruche endlich dahin verfallen sey, weil man in der Oberpfalz wegen der Religions-Uebung nicht nachgeben wolle, so solle man sie auch in der Unterpfalz auslassen, worauf der Punkt der fernern katholischen Religions-Uebung in der Unterpfalz in den kaiserlichen- und jener der lutherischen Religion in der Oberpfalz in den schwedischen Entwürfen ausgestrichen worden wäre, zu dessen Beweiß ein Zeugniß des kaiserlichen Gesandten Vollmar beygeleget

wurde; *) daß die pfälzische Sache zu Münster unter
den kaiserlichen, nnd beyder Kronen Gesandten besonders
abgehandelt, geschlossen, und als ein völlig beendigtes
Werk beynahe ein Jahr zuvor bey dem venetianischen

---

*) Nro. 5. Ex Actis et Protocollis Caesareae Majestatis
Plenipotentiariorum. Nachdem die französischen Plenipotentiarii, in Vergreifung des Articuli de causa
Palatina, auch eine clausula angehängt, daß die katholische Religion in der untern Pfalz in dem Stand
soll erhalten werden, wie die anjetzo geübet würde: haben
hergegen die schwedischen Plenipotentiarii ebenmäßig
die restitution des Religionswesens in der obern Pfalz
in den Stand, wie das sich anno 1624. befunden, begehrt,
darüber dann in der zu Münster den 27sten Junii 1647.
zwischen Herrn Vollmarn und Herrn Schrödern, Secretario Caesareae Legationis, eines; sodann Herrn Salvio
und Herrn Bernklau, Secretario suedicae legationis,
andern Theils, gehaltener Conferenz heftig gestritten,
und an Seiten aber der Kaiserlichen absolute widersprochen worden.
   Als hernach inter eosdem 11. Julii eodem anno die
Conferenz repetiret worden, und dieser Punkt abermalen
in Disputat kommen, hat Herr Salvius endlich vermeldet:
Weiln man dann in der obern Pfalz, quoad exercitium
Religionis nichts nachgeben will, so solle man es auch in
der untern Pfalz auslassen, wie dann auch beschehen,
welches die französischen Plenipotentiarii hernach
geandet, als sie aber die causam vernahmen, und daß
dagegen in der obern Pfalz das katholische Religions-
exercitium unangefochten zu verbleiben hätte, haben sie
es auch dabey bewenden lassen. Und daß dem also sey,
bezeuge ich unterschriebener. Actum Monasterii West-
phalorum den 23sten Januarii 1649.
                              (L. S.) Isaacus Vollmar.
Meiern S. 879. 880.

Gesandten hinterleget gewesen sey, ehe die beyden Punkte der Amnestie, und Beschwerden mit ihren allgemeinen Regeln berichtiget worden wären; daß der Artikel über die pfälzische Sache nicht nur von dem politischen, sondern auch geistlichen, sowohl von der Amnestie, als auch den Religions-Beschwerden handle, welch letztere in diesem Artikel besonders beygeleget, und entschieden seyen; daß der Churfürst von Bayern wegen der Religion in der Oberpfalz, und Grafschaft Cham, sich in dem besondern pfälzischen Artikel, § *et primo quidem tanquam in ipsa regula in sua propria sede posita*, und gar nicht *per modum exceptionis a regula* des Art. gravaminum § *quantum deinde versu: hoc tamen non obstante &c.* gründe, in welch ersterm allgemein verordnet sey, daß die ganze Oberpfalz, und Grafschaft Cham, mit allen Zugehören, Regalien, und Rechten, wie bisher, also auch für die Zukunft, dem Herzoge in Bayern verbleiben solle, welche Verordnung, weil sie einer Beschränkung auf das politische nicht erwähne, allgemein, und buchstäblich, von allen sowohl geist- als weltlichen Rechten, und also auch von dem Reformations-Rechte zu verstehen, folglich, was der Churfürst, als Landesherr, in der Oberpfalz, und Grafschaft Cham diesfalls vorgenommen habe, aus wohl befugtem Rechte geschehen wäre; daß derselbe wegen der Religion in der Oberpfalz in dem angeführten § *et primo quidem &c. ejusque dispositione generali*, der Churfürst von der Pfalz aber wegen der Religion in der Unterpfalz in § deinde ut inferior &c. ejusque dispositione speciali, beyde also in jure territoriali, et peculiariter pacto convento sich gründeten, und darum wenig Bedenken habe, ob die Religion, welche einer oder der andere in seinen Landen haben wolle, alt, oder neu sey; daß daher der von einigen protestantischen Deputirten gemachte Einwand, als hätte die von Churbayern wegen der Religion in der Oberpfalz verlangte besondere Ausnahme in dem Art. 5. §. 12. versu: hoc tamen non obstante, worin diese Materie ihre Entscheidung erhalten habe, bemerket werden müßen, darum nicht gegründet wäre, weil die pfälzische Sache niemal unter die allgemeinen Verordnungen gezogen, sondern in einem eigenen Artikel, sowohl in dem geist= als weltlichen besonders beygeleget, und entschieden worden sey, aus dieser Ursache also die darin gleichfalls verglichenen pfälzische Religions=Beschwerden mit dem fünften Artikel, und dessen allgemeiner Verordnung, gar kein Verkehr hätten, sonst auch der Religions=Punkt in der Unterpfalz, welcher in dem pfälzischen Artikel erörtert worden sey, ebenfalls auf die allgemeine Entscheidung der Religions=Beschwerden hätte verwiesen werden müßen; daß diese Sache zu Münster, und Osnabrück niemal widersprochen worden wäre, im Gegentheil die vornehmsten protestantischen Gesandten, als der übrigen Bevollmächtigte, die bayerischen versichert hätten, daß der § quantum deinde &c. versu: hoc tamen non obstante, ihrem Churfürsten an der freyen Religions-Befugniß in der Oberpfalz keinen Eintrag thun solle; daß darum die Einreden, als hätten die übrigen Gesandten nichts davon gewußt, und wären die oberpfälzischen Unterthanen nicht darüber gehöret worden, das erwonnene Recht des Churfürsten nicht schmälern könnten, weil einmal, wann dasjenige, was von einigen protestantischen Gesandten, in der sämtlichen Namen, bey den Friedens-Handlungen, und vorzüglich in dem Punkte der Beschwerden, geführet, abgehandelt, versprochen, und zugesagt worden sey, unter diesem Vorwand umgestoßen werden wollte, der ganze Friede vernichtet würde, und dann bey den Friedens-Traktaten nicht mit mittelbaren Unterthanen, sondern mit unmittelbaren Ständen gehandelt worden wäre. *)

Die in dieser Schrift ausgeführten Gründe, worüber der begränzte Umfang gegenwärtiger Geschichte keine weitere Ausdehnung, nur die Berufung auf die angeführte Stelle selbst, zuläßt — brachten bey der Friedens-Vollziehungs-Versammlung eine ganz entgegen gesetzte Wirkung hervor: der Reichsstände Deputirte, durch diese Gründe überzeuget, rückten ihrem Aufsatze über die schwedische Schlußerklärung ein: „Primus „Terminus. Untere Pfalz ist man erbithig, also„balden, und noch ante primum terminum evacua„tionis generalis an Jhro Churfürstl. Durchlaucht zu

---

*) Meiern S. 871 bis 881.

„Heidelberg um die introduction, und restitution der
„Augsburgischen Confeſſion in ſolche Lande, die Noth-
„durft ſchriftlich gelangen zu laſſen, nicht zweifelnd,
„es werden Ihre Churfürſtliche Durchl. dasjenige zu
„vollziehen gemeynet ſeyn, was dieſffalls das inſtru-
„mentum pacis nach ſich führet. Obere Pfalz: da
„laſſen es die Deputirte dabey, daß Churbayerns
„Durchl. die libera diſpoſitio quoad exercitium reli-
„gionis über Dero oberpfälziſche Unterthanen mit dem
„Anhang zu verbleiben, daß hingegen ſolchen ſowohl,
„als den unterpfälziſchen Unterthanen die libertas
„conſcientiae ſecundum articulum quintum inſtru-
„menti pacis §. 12. verſ. placuit porro &c. et verſ.
„quodſi vero ſubditus &c. et verſu: conventum
„autem eſt &c. zugelaſſen ſeyn ſolle; iſt alſo dieſe
„oberpfälziſche Sache in keinen terminum zu bringen.
„Die übrige caſus contra Churbayern betreffend, läſſet
„man es bey ihrer Churfürſtlichen Durchl. Ultimatis
„bewenden: *) die ſchwediſchen Geſandten hingegen
ließen in den bald nachher, jedoch mit der Erklärung,
heraus gegebenen Entwurf des Friedens-Vollziehungs-
Hauptreceſſes, daß ſie mit den Ständen eben ſo, wie
in der Hauptſache zu Münſter, und Oſnabrück geſche-
hen ſey, handeln und ſchließen wollten, in der erſten
Klaſſe der herzuſtellenden einfließen: „die ganze Untere

---

*) Meiern S. 543.

"Pfalz vor des Herrn Churfürstens Pfalzgräfliche "Liebden ratione exercitii Augustanae Confessionis, "vermöge Instrumenti Pacis Art. 4. A. C. consorti"bus ibidem, caeterisque desideraturis. Die Obere "Pfalz zusamt der Grafschaft Chamb von Churbayern "jurium patronatus, Exercitii religionis, et con"nexorum, atque inde dependentium, ex regula et "termino generali Art. 5. §. Quantum deinde, "versu: hoc tamen non obstante &c. in statum anni "1624;" *) worauf die kaiserlichen Gesandten in einem ähnlichen Entwurf den Aufsatz der Deputirten wiederholten, und die freye Befugniß des Churfürsten von Bayern über das Religionswesen der oberpfälzischen Unterthanen, sowohl in Rücksicht der öffentlichen, als privaten Religions=Uebung bedingten. **)

Diese widersprechenden Entwürfe verursachten eine gefährliche Stockung der Vollziehungs=Handlungen, und es entstund daraus eine wichtige, von den kaiserl. Gesandten erregte Streitfrage: ob der Reichsdeputirten Aufsatz über die Restitutions=Punkte, zufolge des Präliminarrecesses, nicht als wirkliche Entscheidung anzusehen, und von Seite der schwedischen Gesandten durch den diesem Aufsatze in mehrern Punkten, vorzüglich wegen der oberpfälzischen Religions=Sache, entgegen gesetzten Entwurf diesem Receß nicht zuwider gehandelt

*) Meiern S. 571.
**) Meiern S. 594.

worden sey? Beyde Gegenstände durch eine gütliche Ausgleichung zu beseitigen, war der einmüthige Wunsch der Stände, zu welchem Ende sie vier Deputirte aus ihrer Mitte ernannten, welche die Abweichungen beyder Entwürfe in einer Schrift *) aufsetzen, und sich hierüber mit dem schwedischen Gesandten, Präsident Erskein, jedoch also vergleichen sollten, daß das Ansehen des Gerichtes der Deputirten erhalten werde. Die beyden evangelischen Deputirte, Sachsen-Altenburg, und Braunschweig-Wolfenbüttel, welchen bald nachher dieß Geschäfft allein übertragen wurde, durchgiengen mit den schwedischen Gesandten die ganze Liste der herzustellenden, und wurden alle Punkte, außer zween, unter welchen die oberpfälzische Religions-Sache war, dahin verglichen, daß es bey der Stände Entscheidungen sein ungeändertes Verbleiben haben solle; wegen dem oberpfälzischen Religionswesen gieng die Absicht dahin, dem Churfürsten von Bayern freye Befugniß zu lassen, auf dem nächsten Reichstag per modum intercessionis zu versuchen, was für die evangelischen etwa zu erlangen seyn möchte, und zu dem Ende diesen Punkt aus der Restitutions-Liste, und dem Hauptreceß zu lassen; **) wozu die schwedischen Gesandten, weil es doch meistens Calvinisten betreffe, damal schon geneigt zu seyn schie-

———————————

*) Ein solcher Aufsatz bey Meiern S. 604. folg.
**) Meiern S. 627.

nen, *) und nach vielen andern Vorschlägen endlich auch in die Auslassung willigten. **).

Der bayerische Gesandte war aber mit diesem Ausgleichungsmittel durchaus nicht zufrieden, und machte dagegen bey den Deputirten eine ausführliche Vorstellung dahin: "daß nicht nur zu Osnabrück, und „Münster solcher Punkt verglichen sey, sondern auch „Churbayern diesfalls den auf jetzigem Nürnbergischen „Convent gemachten Schluß des Chur- und Fürstenraths, „wie auch des Collegii Deputatorum, dann des schwe- „dischen Generalissimi, und des Præsident Erskeins „parole vor sich hätte; nicht minder daß dieses die „kaiserlichen Gesandten, und sie, die Churbayerischen, „bey letzterer subscription des praeliminar-recessus, „als eine conditionem sine qua non gesetzt. Es „könnten Seine Churfürstliche Durchlaucht auch nicht „dafür halten, daß sie genugsam gesichert, wann nun= „mehr die Sache aus dem Haupt=receß hiesiger tracta= „ten bleiben sollte, sondern es mögten künftig daher „neue motus entspringen, und diese Sache als unver= „glichen gehalten werden wollen, welche Meynung „auch die kaiserlichen, und sämtliche katholischen ein= „müthig hätten. Und eben darum, daß in der Ober= „Pfalz, und in den kaiserlichen Erblanden der Punkt „wegen der katholischen Religion, bey den Friedens=

---

*) Meiern S. 629.
**) Meiern S. 815.

„Tractaten enthalten sey, hätten Seine Churfürstliche
„Durchlaucht zu Bayern in andern Stücken, so von
„großer Wichtigkeit gewesen wären, gewichen, und
„nachgeben helfen, welches Sie sonst wohl gelassen,
„wann Sie solches hätten wissen sollen. Werde dieser
„Punkt richtig gelassen, so würde man aus allen übri-
„gen bald gelangen können, dann die kaiserlichen, und
„katholischen diesen Punkt vor den vornehmsten hielten,
„und Jhro Churfürstl. Durchl. zuforderst, sodann auch
„ihn fesselten, daß Sie dasjenige nicht thun könnten,
„was Sie sonst gerne pro publico et salute imperii
„thun wollten. Man hätte gleichwohl auf Seine
„Churfürstl. Durchlaucht, als auf einen weltlichen
„Churfürsten, der auf tranquillitatem et conservatio-
„nem imperii mehr sehe, als, mit einem Wort zu
„sagen, die Pfaffen, ein Auge zu schlagen, und würde
„man alsdann erfahren, wie Seine Churfürstliche
„Durchlaucht sich des publici annehmen würden, und
„es auch durch ihn in Collegio deputatorum erweisen
„lassen, wann man nur in puncto restitutionis, die
„Sachen hauptsächlich zu erörtern, vornehmen würde.
„Er ersuche demnach die Gesandten, Sie mögten diese
„und andere motiven, dem Präsident Erskein zu Ge-
„müth führen, dem er selbst nachmittag zusprechen
„würde. Er hoffe, Sie, die gegenwärtigen Gesand-
„ten, würden gleichwohl nicht anders sagen können,
„als daß die Sache bey den Friedens-tractaten in
„Westphalen anders, als von etlichen nunmehr moviret

„werden wollte, abgehandelt worden. Daß der Gene-
„ralissimus, und Präsident Erskein, dem Obristen-
„Zeugmeister Röyer, und ihm, D. Oerel, die parole
„gegeben habe, die Sache sollte der Stände Ausschlag
„heimgestellet seyn, hätte er ad protocollum genom-
„men, und Seiner Churfürstl. Durchlaucht zugeschickt,
„wolle auch darauf sterben, daß es sich also verhielte"—
er theilte dabey den Gesandten einen Auszug zu durch-
lesen mit, wie auch einen des würtenbergischen Gesandt-
schafts-protocolli, welcher eben dasselbe besagte —.
„Weil der Obriste Feldzeugmeister jetzo nicht mehr zu-
„gegen sey, hätte er Sr. Churfürstlichen Durchlaucht
„geschrieben, Sie mögten denselben anher einen Ritt
„thun lassen, daß derselbe, als ein Cavalier, es mit
„bezeige. Sie, die Churbayerischen, hätten vor 6 Wo-
„chen, auf den Graff Ochsenstirn, und Salvium, so
„der Friedens-Handlung beygewohnet, sich berufen,
„und Se. Fürstliche Durchlauchten unter der Zeit gewiß
„Nachricht erlanget, oder doch erlangen können, weil
„aber die Herrn Schweden nunmehr sagten, Sie, die
„Churbayerischen hätten selbst sollen um dergleichen
„Attestatum schreiben, so wäre gut gewesen, wann
„Sie es eher gesagt hätten, da es nicht sollen nach-
„bleiben." *)

Beyde Deputirte sprachen hierauf dem bayerischen
zu, er möge diesen Vergleich nicht ausschlagen, indem

---

*) Meiern S. 832.

man dadurch aus der Sache gelangen könne, und sein Herr doch gesichert wäre: weil aber derselbe sich kurz erklärte, daß er den ausdrücklichen Befehl habe, keine Vermittelung anzunehmen, sondern auf seinem Begehren fest zu beharren; so stellten sie dem Präsident Eröfeln vor, daß es den kaiserlichen, und der katholischen Stände Abgesandten um die oberpfälzische Religions-Sache hauptsächlich zu thun sey, daß sowohl die protestantischen Stände, als auch die Krone Schweden, Ursache hätten, auf Churbayern zu sehen, daß dessen Gesandter den Befehl habe, nicht zu weichen, sondern es bey dem zu lassen, was einmal geschlossen sey, daß sie wünschten, diese Sache wäre hier nie vorgenommen worden, so würde künftig den Oberpfälzern wohl mehreres können geholfen werden, daß aber nun, nachdem diese Sache so heftig hier bestritten worden wäre, der Churfürst von Bayern durch den Receß auch darin gesichert seyn wolle.

Eröfeln antwortete den Deputirten, er wolle sehen, daß er sich mit dem bayerischen vergleichen könnte; man müße auf Bayern sehen, denn es sey bekannt, daß es dem Hause Oestreich die Wage mit halten könne, gegen dieses Haus abgeneigt, und im Begriffe wäre, mit den Schweitzern einen Bund zu schließen: bey dem schwedischen Heerführer, als einem Pfalzgrafen, sey noch ein alter Haß wider Bayern, den er aber nun, als künftiger König in Schweden, nicht mehr so fest beherzigen werde. Sie hätten vor guter Zeit an Ochsenstirn, und Salvius geschrieben, und Bericht gefodert, wie dann die oberpfälzische Religions-Sache auf der Friedens-Versammlung abgehandelt worden wäre, aber keine Antwort erhalten. *)

So nachgiebig aber auch Erskein sich gegen beyde protestantischen Gesandten erkläret hatte; so wenigen Einfluß hatte dieß auf die Vollendung der Vollziehungs-Handlungen selbst, da die Widersprüche in den Entwürfen des Hauptrecesses noch nicht gehoben waren, die schwedischen Gesandten die Reichs-Deputirte noch immer beschuldigten, daß in ihrem Aufsatze durch Ausnahme der oberpfälzischen Religions-Sache von dem Entscheidungs-Jahre 1624. der Friedens-Urkunde, und dem Präliminarreceß zuwider gehandelt worden sey, dadurch die wichtige Streitfrage von der Befugniß der Deputirten wieder zur Sprache kam, und diese Widersprüche die Befreyung des Reichs von der drückenden Last der schwedischen Völker noch ferne hielten.

Die kaiserlichen Gesandten versicherten in dieser schädlichen Stockung des Geschäftes die versammelten Stände-Gesandten ihrer Willfährigkeit zu einem beglückenden Ausgang, wälzten alle Schuld der Verzögerung auf die Anstände, und Veränderungen der Schweden, welche sie von Punkt zu Punkt widerlegten, und sich

---

*) Meiern S. 833. 834.

bey der oberpfälzischen Religions-Sache dahin erklärten: sie könnten nicht einsehen, daß diese Sache der Friedens-Urkunde zuwider laufe, denn der Artikel von der pfälzischen Sache bestimme klar, daß dem Churfürsten von Bayern die Oberpfalz ohne Unterschied, wie er dieselbe vorhin gehabt, gelassen werden solle, also kein Zwist zu erregen, und der Churfürst aus der Fridens-Urkunde nicht zu setzen sey: wenn die Sache bey ihnen wäre gelassen worden, würden sie lediglich darauf bestanden, und nicht einmal den § placuit porro mit den folgenden zugelassen haben: sie hätten unter andern den Deputirten die Bedingniß gesetzet, daß man weder Ihro kaiserlichen Majestät wegen ihrer Erblande in puncto restitutionis ex capite amnestiae, noch Sr. Churfürstlichen Durchlaucht in Bayern wegen der Oberpfalz etwas zumuthen solle: diese Bedingnisse wären von den Deputirten angenommen, und darauf derselben Gutachten abgefasset worden, wobey es verbleiben müße, weil die Deputirte die Punkte zu entscheiden, und dahin zu sehen hätten, daß ihre Schlüsse auch gehalten würden, welche zu Folge des Präliminarrecesses niemand, am wenigsten aber der schwedische Heerführer, welcher weder aus der Friedens-Urkunde, noch Pflichten wegen dazu berechtiget wäre, weil die Krone Schweden dabey nicht betheiliget sey, anfechten könne. Sie müsten den Deputirten Einigke: der Stände zu Gemüthe führen, dann würden die Schweden sich bewegen lassen, die Lande räumen, und den

Abzug ihrer Völker beschleunigen; wo nicht, so müßte ihnen die Erklärung geschehen, daß Churfürsten, und Stände einmüthig auf der Friedens=Urkunde bestünden, der Weitläuftigkeit des Werkes sich widersetzen, und auf des Kaisers Seite tretten würden. *)

Die Deputirte konnten aber über diesen Vorschlag keinen einstimmigen Schluß nehmen: die katholischen traten dem Antrag der kaiserlichen Gesandten durchaus bey, und bestunden darauf, daß es bey dem von den Deputirten gemachten, genehmigten, und den kaiserlichen sowohl, als schwedischen Gesandten übergebenen Aufsatze zu lassen sey, weil dieser der Friedens-Urkunde, und dem Präliminarreceß gemäß, und in letzterm ausdrücklich enthalten wäre, das Gericht der Deputirten solle also gegründet seyn, daß sogar keine kaiserlichen Befehle dagegen angenommen werden können; die protestantischen aber, und namentlich der Sachsenaltenburgische Gesandte von Thumshirn, in dem Punkt der Aufrechthaltung der Schlüsse der Deputirten mit den katholischen zwar ganz einig, hielten den Weg eines Vergleiches für des Reichs Wohl vorträglicher, als dem in Extrem gehenden Vorschlag der kaiserlichen Gesandten anzuhängen: sie versuchten daher in dieser bedenklichen Krisis, wo man entweder bey der Deputirten Aufsatze genau verbleiben, oder des schwedischen

Heer-

---

*) Meiern S. 834 — 836.

Heerführers gemachte Bemerkungen, unter Widerspruch der katholischen, annehmen sollte, welch ein oder anderes einen Friedensbruch veranlassen könnte, wiederholt, dem Präsident Erskein zuzusprechen, daß er den Heerführer zur Einwilligung in der Deputirten Aufsatz, wie er wäre, bewegen möchte, ohne auf seinen zu Gunsten der Protestanten gemachten Bemerkungen zu bestehen, weil diese auf den geneigten Willen gerne verzichteten; oder daß der Pfalzgraf sich damit begnügen wolle, was die Deputirte, dieses Punktes wegen, unter einander vergleichen würden, indem es ja der Stände Interesse allein beträfe, und, wenn diese damit zufrieden wären, die Krone Schweden es dabey auch bewenden lassen könnte. Der schwedische Heerführer antwortete aber dem lüneburgischen Gesandten Otten, den protestantischen Ständen nicht zu wehren, wenn sie sich mit eigenem Schaden vergleichen wollten, kein schwedischer Soldat würde aber die teutsche Erde verlassen, bis alle, welche ihrer Hülfe bedürften, hergestellet wären, und sollte man sich nur auf einen neuen Krieg richten. *)

Auf einen so hohen Ton hatte die Schweden das Gefühl ihrer Macht gegen das erschöpfte Teutschland gestimmet, und die protestantischen Stände musten ihren wiederholten Versuch mißlungen sehen! Sie stellten zwar gleich darauf die Abweichungen beyder Entwürfe dem Präsident Erskein schriftlich zu; dieser gab aber noch zur Zeit nichts weiter, als

---

*) Meiern S. 839 — 843.

die schon bewilligte Auslassung des Religionspunktes in der Oberpfalz nach, *) und legte die Gründe vor, warum der schwedische Heerführer bey dem Aufsatze der Deputirten, nicht verbleiben könne, **) welche hauptsächlich gegen die Wirkung des zum Grund gelegten besondern Vergleiches gerichtet waren.

Der von dem Entwurf der Schweden, vorzüglich in der oberpfälzischen Religions = Sache, abweichende Aufsatz der Deputirten, welcher dem Hauptrecesse eingerücket werden sollte, war also noch immer die Ursache heftiger Widersprüche, und verzögerte die Vollziehung des Frieden um so mehr, als die Stände die Befugniß der Deputirten aufrecht erhalten, die Schweden aber sie nicht anerkennen wollten. Der leidende, und schwächere Theil muste immittelst auf Vermittelung denken, wobey die Stände ein dienliches Vergleichs=Mittel in dem Vorschlag der churfürstlichen Gesandten fanden, daß nemlich der Aufsatz der Deputirten aus dem Hauptreceß gelassen, von sämmtlichen jedoch unterschrieben, versiegelt, bey Churmaynz hinterleget, und nur durch eine Klausel in dem Hauptreceß bestättiget würde: Ersklein blieb aber noch beharrlich auf seinem Entschluß, daß die oberpfälzische Religions=Sache aus der Liste der herzustellenden heraus genommen werden müße, und die protestantischen Deputirte musten alle Beredsamkeit

---

*) Meiern S. 843 — 845.
**) Meiern S. 882.

aufbiethen, um ihn nachgiebiger zu lenken. Sie stellten dagegen vor: „es sey dieß kein remedium, noch tem-
„perament, indem, wann es zu erhalten gewesen wäre,
„man auf diesen Vorschlag nicht hätte verfallen dörfen,
„mit inständiger Bitte, wegen der großen Noth, so alle
„evangelische in Deutschland hierunter leyden müsten,
„es doch bey dem geschehenen obigen Vorschlag zu
„lassen: der Herr Generalissimus würde ja auf diese
„Weise mit der grösten reputation heraus kommen,
„und den scopulum evitiren, daß Ihro Durchlauch-
„tigkeit die oberpfälzische Sache, durch ihre subscription,
„weder approbiren, noch confirmiren dörften; so wür-
„den auch gar wenig Leute in der Oberpfalz seyn,
„welche das exercitium religionis evangelicae begehr-
„ten; wäre daher wohl zu überlegen, ob um dieser
„wenigen Leute halber, so viele tausend evangelische
„arme Christen leyden, und in der Bettängniß stecken
„bleiben, auch mit nicht weniger Seelen-Gefahr, zur
„Hungersnoth, und äussersten desperation gebracht
„werden sollten." Noch hatten die Deputirte ihre
Absicht nicht erreichet, denn Erskein antwortete ihnen:
„Es sey leichter, einen Scheffel Korn, oder eine Kuhe
„wieder zu kriegen, als die Seele; sie, die Schweden
„müsten vor der protestanten Seligkeit sorgen, davor
„hätten sie einen so schweren Krieg geführet, und ihr
„König gar das Leben darüber eingebüset: die evangeli-
„schen Christen in der Oberpfalz hätten es um Schwe-
„den nicht verdienet, daß man man sie desersten, und

„in Seelen-Gefahr stecken lassen solle. Sie könnten „salva conscientia darunter nicht weichen, denn es „betreffe 250 Kirchen. Wann man mit dem Friedensschluff „nur noch vier Wochen gewartet hätte, wollten sie wegen „der Religion, nicht allein in der Oberpfalz, sondern „auch in den kaiserlichen Landen andere conditiones „erhalten haben, sie könnten den Leuten die Religion „nicht vergeben;" und als die Deputirte immer mehr „in ihn drangen: daß es ein anderes sey, die Religion „vergeben, ein anderes aber, nicht erhalten können; „was man wegen anderer Obrigkeit Unterthanen nicht „könne erhalten, müße man Gott befehlen, der in „seinem Wort nicht vorgeschrieben, daß die Religion „durch die Waffen fortzupflanzen; Gott könne und „werde zu seiner Zeit wohl wissen, die Herzen zu lenken; „wann es die evangelischen in der Oberpfalz mit ihrem „Gott treulich meynten, würden sie das zeitliche nicht „ansehen, sondern lieber davon ziehen, und ihre Nah„rung und Segen von Gott anderswo suchen;" erwiederte Erskein: "Sie würden sich allenfalls mit pro„testation im Namen ihrer königl. Majestät verwahren, „sähen auch, daß der Stände Schluff, wie derselbe in „der Deputirten Aufsatz gebracht, auch wegen der „Unterpfalz gar zu weit gehe: die katholischen müße „man anders, als bisher geschehen, zu Chor treiben; „wann man sich auch nur recht anschickte, könnte man „noch bessere conditiones von ihnen erhalten;" die Deputirte hingegen antworteten ihm: "Die evangeli-

„schen im Reich hätten, wie den Krieg verlangt, und da
„einmal der Friede geschlossen sey, wollten sie solchen
„gerne halten, und aus demselben gar nicht schreiten:"
allein, alle Vorstellungen waren vergebens, und sie
mußten mit betrübtem Gemüthe von Erskein scheiden. *)

Am folgenden Tage erklärte er sich jedoch
nachgiebiger, und genehmigte in Rücksicht der übrigen
Abweichungen den ihm gemachten Vorschlag; aber die
oberpfälzische Religionssache, nach der Deputirten
Aufsatz, in die Restitutionsliste einrücken zu lassen,
und sie dadurch also zu bestättigen, als wenn sie in dem
Schlußreceß wirklich enthalten wäre, wollte der
schwedische Heerführer noch immer nicht zugeben.
Erskein verlangte daher, sie entweder aus dem Aufsatz
zu lassen, oder also einzuschalten: "Oberpfalz und
„Grafschaft Chamb verbleibt ratione libertatis con-
„scientiae et religionis bey dem Friedensschluß, und
„wird deßhalben in keinen terminum gesetzt:" als
aber die protestantischen Deputirte ihm sagten, daß
die kaiserlichen und bayerischen in die Auslassung nicht
willigen werden, der andere Vorschlag aber darum nicht
räthlich sey, weil dadurch die Streitsache nicht entschieden und aufgehoben, sondern im Zweifel erhalten, und
jeder Theil auf seiner Meinung bestehen würde, die
Schweden zwar in Kraft der allgemeinen Regel„ daß die

---

*) Meiern N. F. E. H. 2. Th. S. 3 — 6.

Religion nach dem Zustande des Jahres 1624 in der Oberpfalz einzurichten, die bayerischen aber, und mit ihnen alle katholische, daß die Religion (ausweiß der Worte der Friedens=Urkunde: sicuti hactenus, ita et in posterum &c.) in jetzigem Zustande verbleiben solle; *) so begehrte Erskein einen andern Vorschlag: die Deputirte errinnerten ihn dabey an den am gestrigen Tage von ihm selbst gemachten, nemlich die Protestation; weil er ihnen aber antwortete, die Protestationen wären in der Friedens=Urkunde ausdrücklich verworfen, dieß Mittel könne also nicht bestehen; so rechtfertigten die Gesandten die Giltigkeit dieses Vorschlags dadurch: „daß die gegenwärtige protestation nicht contra in-„strumentum pacis ipsum gerichtet werde, sondern es „gienge nur selbige contra quandam declarationem „specialem deputatorum, in welchen Fällen das in-„strumentum pacis keine protestationes annulliret „habe. Hoc remedium mihi haud sufficere videtur," sagte Erskein; die Deputirte aber antworteten: „istud qui-„dem sufficere hac vice putamus, nec aliud in nostra „potestate situm est;" *) und so schieden sie von einander.

Das Interesse der Stände von der Besatzungslast der schwedischen Völker befreyet zu werden, und die Erklärung des bayerischen Gesandten, daß sein Herr bey der oberpfälzischen Religions=Sache wegen der

---

*) Meiern S. 14. 15.
*) Meiern S. 8. 9.

Krone Schweden gesichert seyn müße, und nicht allein die Oberpfalz, sondern auch seine übrigen Lande, ja Leib und Leben, daran setzen würde, erzeugten bald neue Vergleichsvorschläge über die Beylegung dieser Sache, und die Aeußerung der protestantischen Deputirten gegen den bayerschen Gesandten: "daß sein Herr "ja genüg gesichert wäre, denn er das instrumentum "pacis, die general-guarantie, und der Stände des "Reichs, absonderlich der Deputirten, conclusa vor sich "hätte, und wäre ja verglichen, daß die Deputirte die "listam restituendorum, darein auch die oberpfälzische "Sache gebracht sey, absonderlich unterschreiben, auch "sich per clausulam remissoriam in dem Haupt=Receß "auf diese specificationem restituendorum bezogen "werden sollte; man wäre über dieses erbietig, an Ihro "Königl. Majestät in Schweden, solche Declaration im "Namen des Reichs zu schicken, und zu errinnern, daß "Ihro Majestät es bey dem bewenden lassen mögte, "was hierin mit ihren plenipotentiarien bey den "Friedens=Tractaten in Westphalen gehandelt, und "geschlossen worden sey. Daß sichs auch nicht anders "verhielte, attestirten sowohl die kaiserlichen, als "königl. französischen plenipotentiarii, und würde "gewiß die Krone Schweden deßhalber keinen neuen "Krieg anfangen. Man wolle auch nicht verhoffen, "daß Se. Churfürstliche Durchlaucht begehren würden, "daß, da sie doch genugsam gesichert, dennoch die Execution des Friedens sich darum zerschlagen solle,

„andern Churfürsten und Ständen werde es auch
„beschwerlich vorkommen." *)

Durch diesen Vortrag versuchten die protestantischen
Deputirte nochmal, den bayerischen Gesandten zur
Annahme des Vorschlages von Auslassung des Aufsatzes
und der Restitutionsliste aus dem Hauptreceß zu bewegen, und wollten der Genehmigung wegen an den Churfürsten von Bayern selbst schreiben: allein die kaiserlichen und bayerischen Gesandten hielten dieß Schreiben
für bedenklich, und zum Nachtheil des Churfürsten,
welcher in dem Besitze wäre, die Friedens-Urkunde, und
der Deputirten Schlüsse vor sich hätte, dadurch aber die
Sache zweifelhaft gemacht würde; und erstere erklärten
sich gegen die versammelten Stände ausdrücklich: "daß
„sie zu dem Schreiben an Se. Churfürstl. Durchlaucht
„zu Bayern nicht rathen, noch helfen könnten; denn
„durch ommissionem dieser Sache bliebe den schwedischen
„die Hand offen, und hätten sie hierin den kaiser-
„lichen Befehl in Acht zu nehmen. Diese Sache
„wäre zu Osnabrück nicht hinter der Thür mit den
„königlich-schwedischen gehandelt, sondern testato,
„wie ex actis in continenti darzuthun, und wären die
„Churbrandenburgischen damals dabey gewesen, wie
„auch der Graf von Wittgenstein, als damals gewesener
„Churbrandenburgischer Gesandte, wenn an ihn geschrie-

---

*) Meiern S. 19.

"ben würde, testiren könne; wollten sich nicht versehen,
"daß königliche Majestät zu Schweden begehre, wider
"den von Ihr ratificirten Friedensschluß zu handeln,
"und die Sache in einen andern Stand zu setzen, als
"sie tempore conclusae pacis gewesen, und daß Seine
"fürstliche Durchlaucht, als Minister, und Generalissi-
"mus in Deutschland ein anderes vornehmen wolle." *)

Der Churfürst von Bayern muß immittelst von diesem Vorschlage benachrichtet worden seyn, indem dessen Gesandter die zuverläßige Entschließung den protestantischen Mitdeputirten dahin eröffnete: "Es gereiche
"seinem Herrn zu gnädigstem Gefallen, daß die Sachsen-
"Altenburgischen und Braunschweigischen Gesandten des
"Churfürsten Befugniß so wohl hätten unterstützen
"helfen, also solle er ihnen Dero gnädigsten Gruß und
"Dank vermelden, und dabey andeuten, daß Seine
"Churfürstliche Gnaden um Dero gnädigste Fürstliche
"Herrschaft hinwiederum aller Gelegenheit es mit
"Freundschaft und freundvetterlichen Diensten erwiedern
"werde, mit Bitte, darin ferner zu continuiren.
"Wenn nun die Evangelischen bey ihrem Erbiethen blie-
"ben, daß der Deputirten Aufsatz, wie er im collegio
"abgeredet, und geschlossen worden sey, bleiben, und
"subscribiret, auch 2do bey Sr. Fürstlichen Durchlaucht

---

*) Meiern S. 22.

„dem Herrn Generalissimo Fleiß angewendet werden „solle, damit Sie die listam restituendorum nicht „begehre, oder 3tio wenn es nicht anders seyn könne, „dem Generalissimo bennoch keine andere lista resti„tuendorum extradiret werden wolle, als welche in „der Deputirten Aufsatz enthalten sey; so könnten Ihro „Churfürstliche Durchlaucht mit der subscription der „clausularum generalium wohl zufrieden seyn. — „Was die beeden movirte obstacula anbelange, nem„lich 1) die in der lista enthaltene oberpfälzische Re„ligions-Sache — so lasse es Seine Churfürstliche „Durchlaucht, was das erste betrifft, bey dem hierin „gemachten obbedeuten concluso bewenden, und befinde „der Sachen nöthig, und verständig, daß, wie die „Evangelischen vorgeschlagen hätten, an Ihro König„liche Majestät zu Schweden, wie auch an Herrn „Salvius zu schreiben sey: damit könne man aber auch „wohl etwas zurücke halten." *)

Diese von dem Churfürsten in Bayern gesetzten Bedingnisse giengen nicht nur von Seite der protestantischen Deputirten, sondern der versammelten Stände-Gesandten überhaupt in Erfüllung über, denn diese trugen bald nachher den kaiserlichen Gesandten vor: daß der von den Deputirten gemachte Aufsatz, und Restitutionsliste, worin die oberpfälzische Religions-

---

*) Meiern S. 89.

Sache entscheidend für Churbayern begriffen, und an die kaiserlichen, und schwedischen bereits gebracht wäre, nach einem wiederholten Schluße pro norma, et forma seyn, und, damit er noch mehr beſtättiget würde, von Seite der Deputirten durch zween katholische, und zween evangelische unterſchrieben werden ſollte; daß man aus eigener Bewegung den Schweden die Liſte nicht zuſtellen, wann ſie ſolche aber begehrten, keine andere, als die in der Deputirten Aufſatz enthaltene, einhändigen, und an die Königin in Schweden wegen dieſer Liſte ein Schreiben erlaſſen müße. *)

Der Schluß der Stände, den Schweden die Reſtitutionsliſte aus eigener Bewegung nicht zuzuſtellen, ward genau, aber ohne Wirkung beobachtet; denn die ſchwediſchen Geſandten verlangten bald, zwar unter dem unſchuldigen Gewand, die Liſte, daß ſie zufrieden ſeyen, wenn ſie allgemein mit Benennung des Klägers, Beklagten, und des Gegenſtandes eingerichtet würde, in Rückſicht der Entſcheidungen aber den Ständen, oder Deputirten nicht eingreifen wollten; und die Stände nahmen auch keinen Anſtand, eine ſolche, jedoch alſo heraus zu geben, daß, welches die kaiſerlichen Geſandten vorſchlugen, die Erklärung der Schweden, den Deputirten nicht eingreifen zu wollen, zu Protocoll genommen, bloß von den dabey geweſenen Deputirten unterſchrieben, und bey dem Reichs-Directorio hinterleget wer-

---

*) Meiern S. 92. 93. 203.

den solle: *) allein bald zeigte sich, daß die Absicht der Schweden so unschuldig nicht gewesen sey. In der nach dem Aufsatz der Deputirten von Churmaynz gefertigten, von den Ständen genehmigten, und den Schweden übergebenen Liste war auch die oberpfälzische Religions = Sache angezeiget; **) am nemlichen Tage noch, schickte Erskein durch seinen Geheimschreiber ein Verzeichniß der Abweichungen der Deputirten Liste von der ihrigen an Churmaynz, und verlangte unter andern wiederholt, daß die oberpfälzische Religions-Sache aus den Listen auszulassen sey. ***)

Dieß Verzeichniß muste die Stände um so mehr befremden, als die Schweden darin nicht nur mehrere Abweichungen, wovon sie zuvor nichts erwähnet, sondern auch viele von ihnen mehrmal nachgegebenen, wieder angeführet hatten: sie beschloßen daher, durch eine Deputation dem Präsident Erskein vorzustellen, daß es nun nicht mehr Zeit sey, sich in neue Verhandlungen, und Weitläuftigkeiten einzulassen, sondern er möchte, zu Folge der vielmal gegebenen Versicherungen, der Sache ein Ende machen, und die Unterschrift des Hauptrecesses befördern. Fruchtlos war aber auch diese Vorstellung, denn Erskein blieb auf seinem Begehren, und kam hierüber mit dem bayerischen Gesandten in einen heftig-

---

*) Meiern S. 205. 207.
**) Meiern S. 213.
***) Meiern S. 217.

gen Wortwechsel, versprach jedoch, den Deputirten des Heerführers Entschluß am folgenden Tage mitzutheilen. *)

Drey Vorschläge machte nun Erskein, daß man die oberpfälzische Religions-Sache entweder aus der Restitutionsliste ganz laſſen, oder die Worte "secundum instrumentum pacis" hinzu setzen, oder bey dem Aufsatz in der schwedischen Liste verbleiben solle. Daß diese Vorschläge lediglich nicht thunliche Wiederholungen seyen, ließen hierauf die Deputirte durch den maynzischen Gesandten mit dem Beyfügen antworten: "daß "man verhofft, dieselbe würden auf die beschehene re- "monſtrationes geändert worden seyn, sintemal man "sich errinnert, daß in dem praeliminar-receſſ das "Collegium deputatorum zur Erledigung der execu- "tion ex puncto amnestiae, et gravaminum consti- "tuirt, und diese Sachen dahin gewiesen wären, Sie, "die königlich schwedischen, auch vorige Tage nicht mehr "begehret hätten, als daß Ihnen allein eine designa- "tio der casuum, mit bloßer Benennung des actoris "et rei, mögte, und zwar zu dem Ende allein ausge- "ſtellet werden, damit Sie die quaerulanten, so sich "bey Ihnen angeben, könnten zur Ruhe, und an das "Collegium deputatorum weisen. In welcher Ver- "tröſtung man sich dazu verstanden, solche designation

---

*) Meiern S. 209. 223.

„verfertiget, und hinaus gegeben, der gänzlichen Zu-
„versicht, es werde damit also seine Richtigkeit haben.
„So wäre ja auch in den allbereit subscribirten clausu-
„lis generalibus eine clausula remissiva eben darum
„verglichen, damit das collegium deputatorum in
„den Sachen zu decidiren habe:" *) allein auch diese
Vorstellung hatte das Schicksal aller vorher gegangenen,
denn Erskein erklärte „wenn der Churfürst von Bayern
„die Evangelischen in der Oberpfalz nicht herstellen
„wollte, so würden die Schweden selbst exequiren." **)

Der bayerische Gesandte, welcher wegen des mit
Erskein gehabten Wortwechsels bey diesem Vorgang
nicht gegenwärtig, von dem maynzischen aber unter-
richtet worden war, äußerte sich hierüber gegen die Deputirte: was die katholischen zur Vergeltung durch den
Frieden erhalten hätten, wolle man ihnen itzt durch Ge-
walt nehmen. Das Verlangen der Schweden wäre
Uebertrettung des Vertrages: daß sie dem Frieden zuwider gehandelt hätten, zeige der Präliminarschluß, daß
sie auch diesen nicht gehalten, die nachgehenden, mit
ihnen verglichene, und dann wieder anders eingehen
müßende Punkte, denen sie von neuem entgegen handel-
ten. Es müße heißen, Patientia per Forza: Schwe-

---

*) Meiern S, 226. 227.
**) Meiern S. 228.

den hätte die Erklärung des Frieden in Händen, und machte sie durch die Waffen, kein Stand wäre auf die Weise sicher, und müße erwarten, was itzt seinem Herrn widerfahre: er werde ihm berichten, daß ihm von den Schweden die execution gedrohet sey; der Churfürst werde es an Seine kaiserliche Majestät, und ihre Mitstände gelangen lassen, und einen Rath begehren. Er trage zu den Deputirten das Vertrauen, man werde es dabey bewenden lassen, was vielmal beschlossen, und diese Sache bereits unterschrieben sey, und bitte, sie dahin einzurichten, daß sein Herr, was ihm der Friede gebe, geniesen möge. *)

Obschon über die Festhaltung des von den Deputirten bereits unterschriebenen Aufsatzes, und der darin enthaltenen Liste, von Seite der kaiserlichen Gesandten, und sämmtlicher Stände, kein Zweifel, noch Frage mehr war; so schlugen dennoch einige vor, im Namen der Churfürsten, und Stände Gesandten an Churbayern beweglich zu schreiben, damit eine der von den Schweden vorgeschlagenen Vermittelungen beliebt werden möge: allein der maynzische Gesandte trug hiergegen vor, daß er, und der Graf von Fürstenberg dem bayerischen Gesandten dießfalls zugeredet, dieser ihnen aber des Churfürsten Befehl in Urschrift vorgezeiget hätte: daß seinem Churfürsten die Auslassung nicht nachtheilig seyn könne,

---

*) Meiern S. 289.

weil man von Seite des Reichs bey dem gemachten Schluße beständig bliebe, und ihm nicht nur hierüber, sondern auch, daß der schwedische Heerführer sich erkläret habe, sein Herr solle in ruhigem Besitze bleiben, und die Schweden würden den Schlüssen der Deputirten hiernächst nicht eingreifen, ein Attestat geben wolle, hätten sie ihm vorgestellet, der Gesandte aber geantwortet, wenn was vorgenommen würde, müße er sich mit einer Protestation verwahren, und könne als eine Privatperson, nicht aber als Gesandter, das Schreiben an seinen Herrn geschehen lassen. Er, der maynzische Gesandte, wolle daher den Deputirten überlassen, für Teutschlands Wohl ein Vergleichs- Mittel auszudenken, wodurch die Unterschrift des Hauptschlußes befördert würde; nur müße man von den Schweden versichert seyn, wenn man über die oberpfälzische Religions-Sache eine Vermittelung eingehe, daß alsdann die andern Gegenstände richtig seyn sollten. *)

Der Antrag des maynzischen Gesandten ward durchaus genehmiget, und der Graf von Fürstenberg, mit dem brandenburgischen Gesandten Wesenbeck, beauftraget, die Beantwortung dieser Frage von dem schwedischen Heerführer zu gesinnen. Daß die oberpfälzische Religions-Sache der Hauptanstand des verzögerten Schluß-

---

*) Meiern S. 229. 230.

Schlußes sey, bejaheten die schwedischen Gesandten in ihrer Antwort; daß aber der Heerführer den vorhin gemachten Vorschlägen noch immer anhienge, der Churfürst von Bayern immittelst in dem Besitze bleiben könnte, (weil der Heerführer nicht wisse, was zu Osnabrück abgehandelt worden wäre) *) war die Nachricht, welche beyde Gesandten von ihrer Verrichtung den Ständen überbringen konnten.

Die Stände durchgiengen hierauf die Abweichungen beyder Listen von Punkt zu Punkt, und verglichen sich durch die Mehrheit der Stimmen einer gewißen Meinung, insbesondere wegen der oberpfälzischen Religions-Sache, daß man, nach dem Vorschlag des Churmaynzischen Gesandten, diese Sache in der Liste, welche man den Schweden übergeben müße, ganz auslassen, dem Churfürsten in Bayern aber zu desto mehrerer Versicherung, ein unterschriebenes Attestat aushändigen, und sich bey den Schweden hierüber nur so weit erklären wolle, daß, nach berichtigten übrigen Abweichungen, man sich dieser Sache wegen über eines der von dem Heerführer vorgeschlagenen Mittel vergleichen werde. **)

Die schwedischen Gesandten waren nun zwar mit dieser Erklärung zufrieden; allein bald nachher veranlaßten die von ihnen dem maynzischen Gesandten zuge

---

*) Meiern S. 231.
**) Meiern S. 232.

schickten Bemerkungen, auf welche bey Ausfertigung der ihnen zuzustellenden Liste Bedacht zu nehmen sey, wieder die mannigfaltigsten Anstände, worin sie unter andern verlangten, daß diese Liste die Ueberschrift haben solle: „Designatio restituendorum, so in dem Haupt= „Receß mit Lit. A. bemerket." Die Stände, welche wohl einsahen, daß dadurch die in dem Rath der Depu= tirten längst beliebte, den kaiserlichen, und schwedischen Gesandten zugestellte, durch mehrere Schlüsse, und Erklärungen gegen die kaiserlichen bestättigte, durch gewiße Deputirte bereits unterschriebene, und von den Ständen als Norm angenommene Liste zernichtet, und aufgehoben würde, konnten diese Ueberschrift nicht zu= geben, und begehrten, sie zu lassen, wie sie in ihrem Aufsatz abgefasset sey: Erskein widersetzte sich aber die= sem Begehren mit solchem Eifer, daß er sagte: es muß ein dolus darhinterstecken. *)

Daß die in dem Aufsatz der Deputirten enthal= tene, und längst unterschriebene Restitutionsliste, worin die freye Befugniß des Churfürsten von Bayern über das Religionswesen in der Oberpfalz entscheidend bemer= ket war, unterschrieben, und die Norm unter den Ständen sey, muste der schwedische Heerführer einmal erfahren: mehrere Deputirte beschloßen daher, wenn man die verlangte Ueberschrift annehmen müste, platt

---

*) Meiern S. 239.

heraus zu sagen „die jetzt übergebende specification sey
„zwar das relatum der clausulae remissoriae, aber
„nur quoad nomina restituendorum, et causas,
„hingegen quoad conclusa, et decisiones müßten die
„Stände bey demjenigen Aufsatz verbleiben, welcher
„am $\frac{14}{24}$ Dec. des abgewichenen Jahrs sowohl den kai=
„serlichen, als Schweden ausgehändiget worden sey, und
„welcher nach der Stände Dafürhalten in der clausula
„remissoria als verglichen, aufgerichtet, geschlossen,
„und allerseits besiegelt, und unterschrieben angezogen
„werde: dieses sey auch des Herrn Generalissimi sowohl,
„als seiner subdelegirten vielfältigen Erklärung, nicht
„minder dem praeliminar-recess gemäß, daß nemlich
„Ihro Durchlaucht um der Deputirten conclusa sich
„nicht bekümmerten, sondern ihnen freye Hand ließen,
„und diese specification nur zu dem Ende begehrten,
„damit sie den sollicitanten antworten, und selbige ad
„deputatos verweisen könnten;“ welcher Vortrag auch
durch den Grafen von Fürstenberg geschah. Erskein
ward dadurch gegen die protestantischen Deputirte so
sehr aufgebracht, daß er den Lüneburg=zellischen Ge=
sandten Otten zu sich kommen ließ, und ihm auftrug,
den wolfenbüttelschen, altenburgischen, und branden=
burgischen Gesandten zu bedeuten, daß der schwedische
Heerführer mit ihnen äußerst unzufrieden sey, indem
sie eine andere, als die nun mit ihm verglichene, Liste
bereits unterschrieben, und ihn hinterlistig hätten um=
gehen, und betrügen wollen, nebst dem sie auch an allen

bisherigen Verzögerungen die Schuld hätten; der schwedische Heerführer müße dieß zwar geschehen laßen, und werde in allgemeinen den Abzug der Völker, und die Räumung der Orte darum nicht aufhalten, sondern der Abrede nach befördern; aber dem Churfürsten von Brandenburg Hinter-Pommern, und die Märkischen Orte, dem Churfürsten von Sachsen — weil er von Sachsen-Altenburg nichts im Besitze habe, — Leipzig, und dem fürstlichen Hause Braunschweig-Lüneburg die Festung Nienburg so lange zurücke halten, bis die in der schwedischen Liste enthaltenen Fälle alle vollzogen wären.

Otten bath, ihn mit diesem Aufträge zu verschonen, und vor dem Urtheile die Gesandten zu vernehmen; erhielt ihn aber wiederholt, und muste ihn den Gesandten eröffnen. Der lüneburgische vertheidigte sich gegen den beschuldigten Betrug, daß die Unterschrift der Listen so heimlich, und hinter dem schwedischen Heerführer nicht geschehen wäre, denn man hätte sie im December 1649 sowohl diesem, als den kaiserlichen Gesandten, zugestellet, und wäre an selbigem Tage in Gegenwart aller Deputirten, und aller evangelischen, mehrmal erkläret worden, daß man von diesem Aufsatz nicht weichen könne, sondern dabey als einem gesammten, von beyderseits Religions-Verwandten, verobneten, und gemachten Schluße ungeändert verbleiben müße, welches nachher oft wiederholet worden, sogar, daß man es in die clausulam remissorialem gesetzet, und die geschehene Unterschrift berichtet, welche Klausel die schwedischen Gesandten darauf unterschrieben, und ohne Zweifel den schwedischen Heerführer davon benachrichtet hätten. Erskein wollte sich aber nicht auf mildere Gedanken bringen lassen, bis der Graf von Fürstenberg ihn überzeugte, daß die so übel aufgenommene Unterschrift der Liste auf vorher gegangenen Schluß des gesammten Raths der Deputirten geschehen wäre. *)

Immittelst war der Widerspruch über die Ueberschrift der den Schweden auszustellenden Liste noch nicht gehoben, weil diese, ohngeachtet ihrer wiederholten Erklärung, sich in die Entscheidungen der Deputirten nicht zu mischen, fest auf der angegebenen Rubrick bestunden. Der Deputirten Rath beschloß daher nochmal, seinen vorigen Schlüssen anzuhängen, die Liste der Deputirten bey Kräften zu erhalten, und sowohl über ein Mittel zur Hinwegräumung dieses Anstandes, als über die mehrern protestantischen Gesandten von Erskeln gemachten Beschuldigungen, mit den kaiserlichen Gesandten eine Zusammenkunft zu veranlassen. **)

Einstimmig ward dabey beliebt, durch ein Schreiben an die Königin in Schweden die schimpfliche Be-

---

*) Meiern S. 238—240.
**) Meiern S. 242.

schuldigung eines begangenen Betruges zu rügen, und durch Vorlegung der Akten, und Protocollen die unverdiente Nachrede einer gebrauchten List abzuwenden: die kaiserlichen Gesandten erinnerten noch insbesondere, sie hätten dem Herrn Erskein unter die Augen gesagt, daß die Schweden die geschehene Unterschrift ohne allen Grund für einen Betrug erklärten, denn die remissorial-Klausel wäre zu keinem andern Zwecke vorgeschlagen, bewilliget, und vollzogen worden, als daß es bey der Deputirten Liste verbleiben, und durch das Mittel dieser Klausel der schwedische Heerführer befreyet werden sollte, die Liste zu unterschreiben, welches hätte geschehen müßen, wenn sie in den Hauptreceß hätte eingetragen werden sollen. Wegen der Ueberschrift der neuen Liste schlugen eben diese Gesandten vor: daß die Schweden entweder dasjenige, was in dem Hauptreceß von der Liste schon stünde, auslisen, und an die Deputirte es lediglich verwiesen, oder daß man sich erbiethen könne, ein Verzeichniß sub Lit. A heraus zu geben, weil aber mehrere Punkte ausgelaßen werden sollten, so wolle man es extractum designationis sub Lit. A nennen, wodurch die von den Deputirten bereits vollzogene Hauptliste in ihrer Wirkung erhalten würde. *)

Die Deputirte überliesen hierauf den kaiserlichen Gesandten in ihrer Gegenwart über diesen Gegenstand

---

*) Meiern S. 243.

mit den Schweden eine Zusammenkunft zu halten, wobey die Ueberschrift dahin verglichen wurde: Defignatio reftituendorum in tribus terminis. Vermög des Præliminar- und Haupt-Receſſus mit Lit. A gezeichnet. *)

Nun war noch eine Frage, wer diese Liste unterschreiben sollte? Der schwedische Heerführer verlangte die Unterschrift sämmtlicher Deputirten; auf die Vorstellung des Churmaynzischen Gesandten aber, daß sich Bayern dazu nicht verstehen werde, wegen Kostnitz aber die Stelle noch nicht besetzet sey, und also von Seite der katholischen nur Churmaynz und Bamberg übrig wären, welche mit Sachsen-Altenburg, und Braunschweig-Wolfenbüttel, nach dem jüngsten Schluß, den Aufsatz vollziehen sollten, äußerte Erskein des Heerführers Zufriedenheit, wenn man setzte: daß nomine et confenfu omnium Deputatorum unterschrieben worden wäre. Auch dieß wird nicht angehen, antwortete der Churmaynzische Gesandte, weil der Widerspruch Bayerns bekannt sey, und schlug vor, zuzusetzen: nomine Collegii Deputatorum; allein Erskein beharrete auf dem vorigen. Dann muß, sagten die katholischen Stände, auch unter dem Atteſtat, welches an Churbayern der oberpfälzischen Religionssache

*) Meiern S. 248.

wegen auszustellen, gesetzet werden, daß es nomine et consensu omnium Deputatorum ertheilet worden sey. Diese unverhoffte Aeußerung bewog den würtembergischen Gesandten, mit dem schwedischen Geheimschreiber besonders zu reden, und bald erfolgte die Erklärung des schwedischen Heerführers, daß er zufrieden sey, wenn man setze: nomine et consensu Collegii Deputatorum. Nun wurden die Listen von den maynzischen, bambergischen, altenburgischen, und wolfenbüttelschen Gesandten unterschrieben, und der erstere mit dem brandenburgischen beauftraget, die Urschriften den kaiserlichen, und schwedischen zu übergeben.

Beyde Gesandten speisten nach der Ueberreichung bey den schwedischen, wobey Erskein unter dem Tranke des köstlichen Weines die einigen protestantischen Gesandten zuvor gemachten Vorwürfe vergaß, und bey dieser Gelegenheit die unter ihnen entstandene Uneinigkeit besser gehoben wurde, als wenn das beschlossene Schreiben der Stände an die Königin in Schweden wirklich abgegangen wäre.

Diese unvermuthete Wiedervereinigung brachte auch eine gedeihliche Wirkung auf die Vollziehungs-Handlungen hervor; denn nach nun beseitigtem Hauptanstand, der oberpfälzischen Religions-Sache, wurden die noch übrigen wenigen Abweichungen bald verglichen, der Friedens-Vollziehungs-Hauptreceß von den Kronen,

und

und Ständen unterschrieben, und die Ratificationen gegen einander ausgewechselt.

Das Geschäfft der Deputirten war nun noch, die in den Listen bemerkten Restitutions-Fälle nach den verschiedenen Zielen zu vollziehen, womit dieselben, wenn nicht einige verworrenen Gegenstände eine längere Verweilung nothwendig machten, ununterbrochen fortfuhren: der zu Nürnberg zurücke gebliebene schwedische Gesandte beschuldigte aber in mehrern anzüglichen Schreiben die Deputirte so vieler Verzögerungen, daß diese sich nothgedrungen sahen, nach einem einhelligen Schluß wiederholt zu erklären, sie liesen die Schreiben des Gesandten auf ihrer Ungiltigkeit beruhen, verblieben bey der Friedens-Urkunde, dem hier geschlossenen vorläufigen, und Hauptrecess, und würden dem von ihnen verfassten, und den kaiserlichen, auch schwedischen Bevollmächtigten zugestellten Aufsatze der Restitutions-Punkte fest anhangen, und die darin sowohl, als in der Friedens-Urkunde schon entschiedenen, oder durch die kreisausschreibenden Fürsten noch vollzogen werdende Fälle für richtige, und richtig werdende halten, und erkennen. *)

Ich schließe die Geschichte mit einer wichtigen Anmerkung des Commentators über den westphälischen

---

*) Meiern S. 803.

Frieden, welche Stoff zum weitern Nachdenken giebt, und zum Beweise dienet, daß die Bearbeitung der Geschichte in spätern Zeiten dasjenige erst aufklären konnte, was bey diesem berühmten Schriftsteller in dem Zeitalter, in welchem er schrieb, nur Vermuthung war. His verbis (ficut hactenus, ita et impofterum) — schreibt der würdige Verfasser *) — volunt Bavarum exemptum effe ab obligatione reftituendi rem evangelicam in eum ftatum, quo ante deftitutionem, aut faltem anno 1624 fuerat. Sane haec interpretatio eventu comprobata effe videtur, cum nihil interea reftitutum fit, neque a vero longe abeft, tacite hic quid pactum fuiffe, cum nemo audierit, a confecta pace Bavarum fuper reftitutione in facris interrogatum effe, quamvis in vicino oppido *Weiden*, quae ditionis Neoburgicae pars, facra Evangelica reftituta fuerint, et cum Catholici iterum turbarent ftatum, ingentes querelae eam ob rem, nec jam prorfus exftinctae, ftatim exortae fint. Alias vero, et fi absque tacito ejusmodi pacto fuiffet, vereor fane, ut his folis verbis, *hactenus ita et in pofterum*, effugere Bavarus neceffitatem reftitutionis potuiffet, quae omnibus ftatibus ex decreto regulae univerfalis impofita erat, cujus toto Inftrumento Pacis refpectu ejus nulla invenitur exceptio, cum tamen Domus Auftriaca fpeciali conventione caven-

---
*) Meditationum ad Inftrumentum Pacis Caefareo Suecicum Specim. prim. 1706. Ad Art. IV. §. 3. not. a.

dum fibi putaverit, ne religio in haereditariis provinciis ad ductum iftius regulae exigeretur. Eadem fere res circa reftitutionem Inferioris Palatinatus accidit, ibi anno 1624 tota propemodum regione pulfa religio Evangelica erat. Sed reftitutus Elector, Carolus Ludovicus, in eum ftatum, quo ante motus Bohemicos fuerat, non exiftimavit, fibi impedimento ftatum anni 1624 effe, quominus illam reduceret, pulfa vice verfa Catholica. Et hoc ipfum inter conditiones reftitutionis fuiffe, concedentibus tandem Catholicis, conftat. Enim vero funt etiam veftigia, quibus apparet, Electorem Maximilianum non magis voluiffe legem fibi dici in negotio religionis, quod ad Palatinatum fuperiorem attinet. Hinc credibile eft, ne exemplo iftorum moverentur alii, et per id ipfum turbaretur pax, fatius vifum effe, involucris verborum utriusque mentem, compofitoribus pacis explicatam, tegere, ne offendiculo coeteris effet. Quo refpectu etiam procul dubio mentio facrorum et profanorum, five ecclefiafticorum, et politicorum caute omiffa, quae in reliquis tam crebro occurrit. De coetero utique fi nuda verba, prout hic jacent, infpiciamus, cum illa de facris nihil omnino disponant, omnis recta ratio interpretationis eo duceret, ut ea fub regula univerfali relicta fuiffe diceremus.